U0072133

打人不打臉 說人不說短

46則人際關係學中的黃金定律

成長階梯：71

打人不打臉，說人不說短：則人際關係學中的黃金定律

編　　著　王泓逸
出 版 者　大拓文化事業有限公司
責任編輯　曾建維
美術編輯　姚恩涵

總 經 銷　永續圖書有限公司
劃撥帳號　18669219
地　　址　22103 新北市汐止區大同路三段一九十四號九樓之一
TEL　（〇二）八六四七—三六六三
FAX　（〇二）八六四七—三六六〇
E-mail　yungjiuh@ms45.hinet.net
網　址　www.foreverbooks.com.tw

CVS代理　美璟文化有限公司
TEL　（〇二）二七二三—九九六八
FAX　（〇二）二七二三—九六六八

法律顧問　方圓法律事務所　涂成樞律師

出版日◇二〇一七年六月

國家圖書館出版品預行編目資料

打人不打臉，說人不說短：46則人際關係學中的
黃金定律 / 王泓逸編著. -- 初版.
-- 新北市 : 大拓文化, 民106.06
面 ;　公分. -- (成長階梯 ; 71)
ISBN 978-986-411-053-7(平裝)
1. 人際關係　　2.成功法
177.3　　　　106005402

前言

在人際關係中，只有平等對待別人、尊重別人，才是「真理」。

班傑明・佛蘭克林在自傳中寫道：「我立下一條規矩，絕不正面反對他人的意見，也不讓自己武斷。我甚至不准自己在文字上或語言上持過分肯定的意見。我絕不用『當然』、『絕對』這類詞，而是用『我想』、『我假設』、『我想像』。

當有人向我陳述一件我所不以為然的事情時，我絕不會立刻駁斥他，或立即指出他的錯誤；我會在回答的時候，表示在某些情況下他的意見沒有錯，但目前看來好像稍有不同。

凡是我參與的談話，氣氛會變得融洽多了。我以謙虛的態度表達自己的意見，不但容易被人接受，衝突也減少許多。我最初這麼做時，確實感到困難，但久而久之就養成了習慣，也使我提出的新法案能夠得到重視。

儘管我不善於辭令，更談不上雄辯，遣詞用字也很遲鈍，有時還會說錯話，但一般來說，我的意見還是得到了廣泛的支持。」

「打人不打臉，說人不說短」，如果你能給人留面子，那麼你樹敵的機會將會減少，你的人緣也會越來越好。

目錄

contents

打人不打臉，說人不說短：46則人際關係學中的黃金定律

Part 2 巧用人際關係的策略和技巧

Part 3 別當人際關係學中的呆瓜

目錄

contents

Part 4 人際關係中不要走的獨木橋

Part 5

冷靜從容的人際關係

目錄

contents

Part 6 與朋友的關係要親密有度

Part 1

人際關係中的陷阱

人際關係中有些禁忌是連碰都不能碰的，碰了就會得罪人，碰了就會吃暗虧。

有時候你還毫無所覺，人家已經對你恨意滿腹；你自認為做的得體，人家卻嫌你不知進退。要看清楚禁忌所在，然後小心翼翼地繞過它，絕對不要做它的犧牲品。

01

打狗要看主人

史丹福研究中心：你賺的錢十二・五％來自知識，八十七・五％來自關係。

在人際交往中，千萬不要犯「打狗不看主人」的錯誤，應該謹記「打狗也要看主人」的現實態勢，隨時提醒自己「愛屋及烏」，大人物身邊的小人物也是萬萬忽視不得的。

黑狗莫利最討厭老鼠了，任何時候，只要牠看到老鼠，就會去追逐，不過有一隻老鼠莫利是絕對不會去碰的，那就是小主人養的那隻灰鼠，雖然牠非常討厭，每次都對莫利做鬼臉。

「我說莫利啊，我真佩服你的好脾氣，要是我，早就把牠咬死了！」隔壁的黃狗幾次這樣嘲弄莫利。莫利不吭聲，因為他心裡很明白：「我要是咬死了牠，主人是絕對不會放過我的！」

古人說「愛屋及烏」，就表示「捧一個重要人物時，也別忽視了他周圍的人物，不管那些人的地位有多低，你也都要照顧好，不然就會吃大虧。」

舉個例子來說，一些人對所養的寵物，即使不是知名品種，也依舊視為至寶。對待寵物就像在疼愛子女，滿懷耐心與愛心地為牠們洗澡，帶牠們出外溜搭，這種牽絆的情感不是外人能體會的。

只要你明瞭這點，便會懂得：「在高捧他人時，對象絕非僅僅是單一對象」。即使你心中暗想「牠只不過是一條狗」，也不可表現出敷衍的態度。

有一位劇團裡的丑角演員，他曾經因為不瞭解這個「愛屋及烏」的重要性而犯了錯誤。

丑角演員的老師飼養了一隻可愛又嬌小的狗，但不知為何每當他到老師家裡拜訪時，這隻狗總是對他狂吠，因此丑角演員對這條狗產生了很大的反感。就在某次拜訪老師時，他趁著老師家中無人，便將這隻狗帶到郊外，一面指著狗怒罵：「你這隻可惡的長毛東西」，一面對其拳打腳踢，把平日所積壓的不快，一股腦兒地全發洩出來。

丑角演員背後的辛酸總是不為人知，也許是因為平日在幕後受到太多的壓抑，才會把寵物狗當做出氣筒。但那隻狗自從被打後，對丑角更是懷有敵意。之後每當他造訪時，更是狂吠不停，直到他離去為止。對狗深愛有加的師母直覺得事態不對，便詢問他：「你曾經對我家的小狗做了些什麼事？」

他心中暗想「牠只不過是一條狗」，也就一五一十坦白地述說自己對狗的不當行為。昔日讚歎他有才幹、懂進退的老師和師母，自從發現了這虐待動物的事件後，便把他冠上「偽善君子」的名號，對他的印象也大打折扣。

不用說，他一定倒霉。等到他明瞭「雖然牠只是一條狗，卻是一隻有來頭的狗」時，事態已經無可挽回。

看完了這個例子，你就該明白「高捧他人」的對象，絕非僅限他本人，對其周圍的人物均不可漠視，才能使目標更易達成。

以業務員來說，一個優秀的業務員必須得到客戶公司女職員的好評，才可能進一步地獲得期望的目標。至於想擁有這些女孩的好感並不困難，你不妨對她們說些個人之事，如「妳的髮型變了！」或「妳今天不舒服嗎？怎麼看起來無精打采？」之類令人聽完之後感到頗為溫馨的言語，倘若有機會，最好還能在適當的時機送份小禮物，以拉近彼此距離。

這種思慮周密、費神用心的態度，就是你受眾人歡迎的一大祕訣。當然，你必須知道適可而止，否則會讓她們產生「此人對我有特殊好感」的誤會。更重要的是，要對所有的女性一視同仁，絕不可僅侷限於某些女性。

02

留下面子，保住裡子

每個人都「愛面子」，一些人甚至把「面子」看得比生命還要重要，一旦傷人面子，可能就會給自己留下無窮後患，因此人際交往中，得時時注意「保全他人的面子」。

經過幾個世紀的敵對之後，一九二二年，土耳其決心把希臘人逐出自己的領土。

穆斯塔法・墨爾對他的士兵發表了一篇拿破崙式的演說，他說：「不停地進攻，你們的目的地是地中海。」

於是，近代史上最慘烈的一場戰爭展開了，土耳其最終獲勝。

當希臘的迪利科皮斯和迪歐尼斯兩位將軍前往墨爾的總部投降時，土耳其士兵對他們大聲辱罵，但墨爾卻絲毫沒有顯示出勝利的驕氣，他握住他們的手說：「請坐，兩位先生，你們一定走累了。戰爭中有許多偶然情況，有時最優秀的軍人也會打敗仗。」

墨爾即使在全面勝利的興奮中，為了長遠利益，仍然牢記著這條重要的信條：「讓他人保住面子」。

「己所不欲，勿施於人。」可是我們常常無情地剝掉別人的面子，傷害別人的自尊心，抹殺別人的感情，卻又自以為是。

我們在他人面前喝斥別人——下屬或者孩子，不論是找差錯、挑毛病，甚至粗暴威脅的對待，卻很少設身處地的為他們著想，讓對方下得了台階。

羅賓森教授曾說過一段富有啟示性的話：「人，有時會很自然地改變自己的想法，但是如果有人說他錯了，他就會惱火，更加固執己見。人，有時會毫無根據地形成自己的想法，那反而會使他全心全意地去維護自己的想法。不是那想法本身多麼珍貴，而是他的自尊心受到了威脅……」

人人都有自尊心，不但大人物有，小人物也一樣，甚至更強烈。當一無所有時，「自尊心」便是需要固守的最後領地。沒有人願意別人漠視自己作為一個人的存在。有時，人們為了維護自尊，甚至會堅持錯誤。

有一次，愛咪花高價買了一件襯衫，回家試穿後，大概是布料的關係，衣服穿起來不太舒服。幾天後，一位朋友來找她，看了她的衣服，大呼：「妳上當了啦，這種料子穿在身上會很硬，感覺不舒服，而且還很容易褪色，送給我都不要穿，妳還花那麼高的價錢買它！」

愛咪吃虧了嗎？是的。可是，朋友的話雖然有理，但是聽在愛咪的耳裡卻特別刺耳，似乎也在貶低愛咪的判斷能力。

愛咪莫名其妙地開始為自己的面子辯護了：「料子雖然有點硬，不過穿在身上挺有型的，我還是很滿意啊……」

第二天，另一位朋友也來拜訪愛咪。她稱讚愛咪身上的襯衫很漂亮，還問愛咪在哪裡買的，說也要買一件。

這時，愛咪反應又完全不一樣了：「說實話，這衣服太貴了，而且穿在身上不太舒服，料子還真是硬，而且會褪色，我正後悔不該買它呢！」這時，愛咪甚至為自己的坦白直率而自豪。

可見，如果對方處理得巧妙而且和善可親，我們也會承認自己的錯誤。但是，如果把難以接受的事實硬塞給我們，結果就適得其反了。

「保全別人的面子」，是我們通往成功的一條寬廣之路。面對別人的過失或窘境，一個蔑視的眼神、一種不滿的腔調、一個不耐煩的手勢，都可能帶來難堪的後果。如果我們當面駁斥一個人，他會同意我們的觀點嗎？

絕對不會！因為我們否定了他的智慧和判斷力，打擊了他的自尊心，同時還

傷害了他的感情。

他非但不會同意我們的觀點，還會進行反擊。如果我們沒有意識到這一點，常常以一種「堅持真理」的姿態去打擊別人的自尊心，就會使我們處處碰壁，人生的旅途就很容易拐進死胡同。

03 別在傷口灑鹽

在中國古代的傳說裡，龍的喉部之下約直徑一尺的地方上有「逆鱗」，全身只有這個部位的鱗是反向生長的，如果不小心觸到這一「逆鱗」，必會被激怒的龍所殺。其他的部位任你如何撫摸或敲打都沒關係，只有這片逆鱗無論如何也接近不得，即使輕輕撫摸一下也是犯了大忌。

所以，我們可以由此得知，無論人格多高尚多偉大的人，身上都有「逆鱗」

存在。只要我們不觸及對方的「逆鱗」就不會惹禍上身。而所謂的「逆鱗」就是我們所說的「痛處」，也就是缺點、自卑感，在人際關係的發展上，我們有必要事先研究，找出對方「逆鱗」的所在位置，以免有所冒犯。

李小姐從護校畢業後，直接到一所醫院當護士，試用期三個月，合格的話就會被留用。李小姐的運氣確實不錯，嘴甜、勤快的個人特色使得醫院裡的護士都很喜歡她，尤其是護士長趙姐，對她就像親妹妹一樣。眼看三個月的實習期就要滿了，李小姐卻在此時犯了一個致命的錯誤。

一天午休時，幾個護士聚在一起閒聊，李小姐突然問了趙姐一句：「趙姐，妳家孩子幾歲了?怎麼不帶來醫院看看啊！」

大家都愣住了，趙姐勉強笑著回了一句：「啊，我還沒要生小孩呢！」

一名老護士連忙岔開話題說起了旅遊的事，偏偏李小姐沒有察言觀色，又補了一句：「趙姐，那妳可得抓緊時間了！不能只顧著事業呀，沒有孩子可是女人一生最大的遺憾哪！」

李小姐自以為話說得很得體，沒想到話一剛落，趙姐臉就脹得通紅，大罵了起來：「妳算哪根蔥？我的事要妳管嗎？」

李小姐目瞪口呆，委屈的哭了。眾人把趙姐勸走以後，一名老護士才告訴李小姐，趙姐根本無法生育。所以在醫院裡，關於生孩子的事，大家是連提都不敢提的禁忌話題啊！

結果可想而知，李小姐的實習不合格。

李小姐錯就錯在太過冒失，不該觸人痛處，當趙姐回答自己沒要生小孩，而其他護士又故意岔開話題的情況下，她實在就不應該再繼續問下去，但她偏偏自以為是地加了一句關心的話，結果惹了大禍。

每個人總有自己的弱點、缺點或者污點，在和對方談話時，一定要避開這些對方所忌諱的東西，因為忌諱心理，人皆有之，就連魯迅筆下的那位慣用精神勝利法的阿Q也有忌諱。雖然他慣用精神勝利法安慰自己，因而少有耿耿於懷之事。別人欺他罵他，他能控制自己，心理能很快平衡，惟獨忌諱別人說他「癩」，因為他頭皮上確有一塊不大不小的癩瘡疤。只要有人當著他的面說一個「癩」字，或發出近於「賴」的音，或提到「光」、「亮」、「燈」、「燭」等字，他都會發怒。

在封建時代，因說話不留神，犯了忌諱而人頭落地、身首異處的事例更是不勝枚舉。當過長工，後來揭竿而起的農民英雄陳勝就忌諱別人說他是莊稼漢出身，他的幾位患難兄弟在他面前不知趣地提起有損他「領袖形象」的往事，結果招來殺身之禍。

明朝開國皇帝朱元璋曾經當過和尚，做過「賊」（起義在封建時代是賊的同義語），自從當了皇帝後，就很忌諱人家提他以前的那段「不體面」的往事，如果有人當他的面說「和尚」、「僧」乃至「生」都會招來殺身之禍，他也不許別人提「賊」，甚至與「賊」音相近的「則」字也不許提，提也會招來殺身之禍。

在封建時代，這種忌諱心理發展到登峰造極的地步，便是大興「文字獄」，許多文人學者因犯了當權者的忌諱而白白丟了身家性命，可悲可歎。

大凡普通之人也有忌諱心理，你在光頭的人面前說他「怒髮難衝冠」或「這盞燈怎麼突然不亮了？」或「今天真是陽光燦爛」等話，對方肯定會憤而變色，有時甚至於怒目圓睜、拂袖而去，到時候你會尷尬不已。

那麼，該怎樣避諱呢？

我們認為，應該先瞭解對方有無忌諱之處，對對方的忌諱之物要視為禁區，十分謹慎地避開，以免觸痛對方，例如禿頭面前不說「亮」，胖子面前不說「肥」，瘦子面前不說「猴」，矮子面前不說「武大郎」。

對他人失意之事，也應儘量避開不談，例如，在考試落榜者面前少炫耀自己的分數，在久婚不育者面前少談生兒育女之事。

暴露自己的痛處，對任何人來說都不是一件愉快的事，所以和別人相處時，要小心翼翼地避開禁區，不要提及他人的弱點，更不能用侮辱性語言攻擊他人身體上的缺陷。

04

有野心你也得慢慢來

獅子大王有兩個僕人，狐狸負責照顧獅王的生活起居，山羊負責看家護院。有一天，獅王躺在石椅上睡著了，狐狸又不知跑到哪兒去了，於是山羊就走了進來，把獅王扶到了床上。

等獅王醒來後問清楚經過，就把狐狸和山羊一塊兒咬死了。

大臣狗熊問獅王為什麼這樣做？獅王說：「狐狸是失職，山羊是越位，在我看來，越位的危害要比失職更嚴重啊！」

「越位」是一個非常危險的動作，因為這種行為打破了原有的秩序，讓事情的發展帶來了不可預料的變數。

而在職場的工作中，「越位」更是最要不得的行為。

杜正剛是一名社會新人，血氣方剛，雄心勃勃。到公司上班不久，就積了一肚子的意見，在他看來，頂頭上司胡科長是個很無能的人，只會拍上頭馬屁，老是把工作處理得一團糟，他實在無法忍受在這樣一個人手下工作。

所以他找了個機會跟高級主管談了自己的想法，主管很認真地聽取了他的意見，還表示會儘快做出處理。

果然，一個星期後，胡科長被調走了，局裡又派了一位姓陸的科長，陸科長很有能力，沒幾天就把部門的工作處理得一清二楚，這讓杜正剛佩服不已。

然而杜正剛也沒能在這個部門待多久，此時有個到基層工作的名額，陸科長隨便找個理由，說杜正剛很有能力，就推薦了他，讓這個他早已耳聞會「越位」的人離開自己的部門。

這種「越位」的行為是很愚蠢的，「越級指責頂頭上司」只會讓自己處境艱難，新的上司也會把你當成威脅，誰知道你會不會再做出同樣背叛的事。

還有一種越位叫「越級報告」。在工作中，「越級報告」意味著越過頂頭上司，向更高層的上級說明你的看法，來爭取自己的權益。

某科研所的外文資料室負責人王海濤就是在這方面缺乏經驗的年輕人。當上級規劃了需要大量翻譯外文資料以供科研任務使用的專案之後，主管反覆斟酌，有些猶豫，一時難以下決心，拿不出可行性方案。

這時王海濤就越過主管，直接向上級報告，自告奮勇說自己承擔這種任務沒有問題……卻因此得罪了主管。

這種做法當然傷害了主管的自尊心，其實王海濤完全可以找主管適當地談一談，從分擔壓力、分擔憂愁的角度，替主管著想。這樣不僅有助於主管解決難題，也使他對你加深了好印象。

王海濤錯誤的做法關鍵，就是他不是替主管著想，這樣不僅不是幫主管解決難題，而是顯現出主管的無能。在主管需要的時候，不是給予安慰和分憂，而是給予壓力和刺激。

當你傷害了直接主管的感情時，上級主管對你也不會賞識和滿意的。任何事情都迴避頂頭上司，並非是個好主意。嘗試越級報告的人，往往會傷害到自己。即使你是「對的」，你仍不免破壞公司的運行秩序，並使高級主管頭痛。即使你很幸運地成功了，高級主管也會心存芥蒂，認為你對他們也可能採取同樣的行動。

「越級報告」的醞釀並不難覺察，誰是越級報告者，也通常很難隱瞞。對於這類的行動，上級可以採取許多防範措施，並且能夠在你行動之前就將事情擺平。一般來說，促使一個人採取越級報告的行動，不外是處在下列幾種狀況之下：

1. 我早該升官了，但是上級就是不這樣做，甚至連提都不提。

2. 工作部門運行不佳，但上級卻加以掩飾，上面的人如果知道了，一定會震怒。

3.上級遷就不盡責的人，卻給我一大堆工作，他對我不關心，也不在乎我到底做了些什麼。

4.上級知道我比他能幹。他既恨又怕，因此壓制我，老是讓我做吃力不討好的工作。他絕不會讓別人知道我傑出的表現，他怕我升得比他快，還把我的功勞占為己有。

5.上級工作不力，不但影響組織的工作效率，也影響我個人的表現。

「不在其位，不謀其政」，有野心你也得慢慢來，想透過「越位」一步登天的人，其實是在做緣木求魚的事。

05 別在主管面前逞能

蘇格拉底說：你只知道一件事，就是你一無所知。

不小心翼翼維護主管的尊嚴，縱然你才高八斗，也難免走上被人「閒置」的道路。尤其是一些能力強、學歷高的人，他們在表現自己的才華時往往恃才自傲，與主管形成對比，甚至貶低、蔑視主管。

在主管面前逞能，就是和自己過不去。

柏文是某名校外語大學畢業生，分配在外銷部門工作。由於他一口英語講得很流利，剛開始時主管很器重他，還準備派他出國深造。但一年後，這個很讓人眼紅的機會卻給了另一個和他一起進入這個公司的同事。而此後，劉柏文在公司待得也很不順心，最後辭職去了另一家公司。

事後，有人問起他原因，他無不遺憾地說自己在原來的公司太愛賣弄自己的外語能力了，和主管說話時動不動就說上兩句英語，正巧這個部門的一位副職主管是位老主管，沒學過英語，所以他太自我表現的行為讓這位主管很在意。

英國十九世紀政治家查士德斐爾爵士曾對他的兒子做過這樣的教導：「要比別人聰明，但不要告訴人家你比他更聰明。」

「槍打出頭鳥」是中國人的一個世俗法則，也成了中國文化的一處敗筆。「出頭鳥」本來是一個推動時代前進的角色，卻可悲地成為了「愛出風頭」的代名詞，這是一個社會的悲哀，也是一種文化的悲哀。

但作為部屬，怎樣維護好主管的尊嚴，就不單只是面子問題，更重要的是一個人的修養問題。

試想一位主管如果沒有統馭部屬的能力，反過來竟讓部屬牽著鼻子走，結果只能有兩種：一種是上司辭職，第二種是自己被炒魷魚，所以一個聰明的部屬是不會以卵擊石的。

在整個二次大戰期間，史達林在軍事上最倚重的人有兩個，一個是軍事天才朱可夫，另一個則是蘇軍大本營的總參謀長華西里也夫斯基。

眾所周知，史達林在晚年逐漸變得獨裁、專制，「惟我獨尊」的個性使他無法允許世界上有人比他高明，更難以接受部屬的不同意見。

在二次大戰期間，史達林的這種過分的自以為是曾使紅軍大吃苦頭，遭到本可避免的巨大損失和重創。一度提出正確建議的朱可夫曾被史達林一怒之下趕出了大本營。但華西里也夫斯基例外，他往往能使史達林在不知不覺中採納他建議的作戰計劃。

華西里也夫斯基的進言妙招之一，便是潛移默化地在平常的休息時間中影響史達林。在史達林的辦公室裡，華西里也夫斯基喜歡和史達林談天說地的「閒聊」，並且往往「不經意」地「順便」說說軍事問題，既非鄭重其事地大談特談，講的內容也不是頭頭是道。

但奇妙的是，等華西里也夫斯基走後，史達林往往會想到一個好計劃。過不了多久，史達林就會在軍事會議上宣布這一計劃。於是大家都紛紛稱讚史達林的深謀遠慮，但只有史達林和華西里也夫斯基兩人心裡最清楚，誰才是這些計劃、思想的真正創意者。

史達林晚年的獨行專斷可以說是達到了高峰，而華西里也夫斯基之所以還能夠不斷地讓史達林接受自己的作戰計劃，就是因為他利用自己的特殊身分，不直接發表不同意見，而是在和史達林的閒聊中「不經意」地流露自己的一些「想法」，用這些想法潛移默化地影響史達林的軍事觀念，使他在受到啟發後做出他自己的決定，這的確是一種高明的影響力。

再開明的主管，其內心也不喜歡過於直接的建議和批評，因為這直接使他的權力受到威脅。

即便他有時接受了你的直言相勸，並獲得了顯著成果，且內心裡也承認你的能力，但他讚賞的卻是你的意見和建議本身，而不是你的進言方式。

主管面前莫逞能，因為身為主管，他有生殺予奪的權力，說不定即使你看法正確，也會遭到他的批駁。

06

人際關係要保持相同距離

人際關係活動中，我們經常需要同時與好幾個人打交道，這種情況下，常常容易犯厚此薄彼的錯誤。你對待「厚」的人，可能是歡喜中帶點尷尬，但被你「薄」的人，就註定要滿腹怨氣了。

這種「厚此薄彼」的做法，會給你的人際關係帶來嚴重影響，為了避免這種失誤，最好的辦法就是遵循「等距離原則」。

郊遊活動中，班長徐偉明帶了四名女同學去採草莓，回來的時候，其中三個女生卻噘著嘴，滿臉的不高興。導師問幾個女孩為什麼生氣？她們回答說：「什麼意思嘛？一起出去玩，班長卻只對那個女孩獻殷勤，對我們理也不理，我們之中有誰得罪了他嗎？」

導師聽完後，就找徐偉明談了話，結果徐偉明大呼冤枉：「我只不過是跟那個女孩比較熟才跟她多說了幾句，並沒有嫌棄另外三個女孩的意思啊！」最後徐偉明真誠地跟三位女同學們道了歉，並請她們吃了頓飯，三個女同學才原諒了他。

在人際關係中，向上述這樣的事情並不少見，不管你是有意還是無意，都會影響到人際關係，所以人際關係中一定要謹言慎行，和人保持「等距離」：

1.在握手寒暄時，應按禮節規定的順序，採先尊後卑依次進行握手，不應該不講先後順序，跳躍地進行。與多人握手時，要注意與每人握手的時間應大致相

等。

2.在與為數不多的人交換名片時，應按禮節規定的順序，可以一一地把自己的名片遞過去，請對方指教。雖然並非所有的在場者都想要你的名片，但僅憑自己的判斷不給他們名片，也有失禮之嫌。

3.一個男士與兩個女士同行或坐在一起時，不應夾在她倆中間，否則，男士跟她們談話就不得不左右兼顧。那麼男士的最佳位置應是坐在或走在她們的左側才合乎禮儀。因為此刻你若居中而坐，或是走在中間，是難於做到一左一右絕對「等量」地對待她們的。然而，這一規定卻有個例外。在一位未婚男子和兩位單身女子同行時，如果他靠近其中的一位而遠離另一位，反而可能引起她們的揣測。因此，在這種情況下，他還是走在她們中間較好。

在招待客戶時，不論是對待大客戶還是小客戶，都要設法照顧到對方的心理感受，儘量避免產生不必要的誤會。

在某公司舉辦的一個大型答謝晚宴上，業務員平治及其他業務員都忙著招呼各自的客戶，平治的客戶很多，他與小客戶打過招呼後，就借用餐時間與一個大客戶交談，因為這個大客戶曾與公司產生過誤會，透過交談，與這個大客戶達到了溝通的目的，消除了誤會。

事後，有一個小客戶打來電話，說不想用該公司的產品了，當時平治非常吃驚，因為雙方一直合作得不錯，雖然產品用量不大，但一直保持業務往來，且關係很好，他不知道自己是哪方面得罪了這位客戶。

後來經過多方打聽，原來在那次晚宴上，這位客戶就坐在自己的鄰桌，因受其冷落，所以才欲終止雙方的合作關係。後來經平治不斷地加以解釋，才挽回了這位客戶。

到公司去洽談業務或辦事，進入辦公室後應設法與辦公室業務人員都聊上幾句，以調節氣氛，不能只與業務主管攀談，那會顯得你的目中無人，令人覺得你只認主管，冷落其他在場的人，這樣往往會收到不良的效果。

一位經營建材的老闆經常來公司洽談業務，但是他每次來都只與業務主管交談，旁若無人。甚至對其他人連句問候的話都沒有，形同陌生人。

他說起話來口氣很大，動輒說他跟某某廠長、科長關係很好，彷彿他做生意靠的不是實力，而是關係，因此大家都對他很反感。所以只要是他來課裡聯繫業務，若是業務主管不在時，就沒人會理他，更沒人主動幫他，他打電話來找人，回答「不在」沒人幫他去找；打聽什麼資訊，回答「不知道」即使很清楚。

這樣一來，看似精明的建材老闆，實際上是做了一件很不精明的傻事，原因就是忽略了「等距離」的人際關係規則。

在人際關係場合，對待眾多的朋友、合作夥伴，應努力做到一視同仁，不要使人感覺有明顯的親疏遠近、冷暖明暗之別。

07 是非背後麻煩多

有人的地方就有是非，辦公室裡的是是非非每天都在發生著，說不清理不順。對於這些是非，你能躲多遠就躲多遠，招惹是非對你不會有任何好處。

你可能是個很有正義感的人，忍不住要挺身而出「匡扶正義」；也可能你是個外向的人，眼裡看不過的事，嘴上就要說出來。但不管你是什麼樣的人，奉勸一句，「是非不要輕招惹，是非背後麻煩多。」

甲、乙兩位平日頗為要好的同事，最近竟然分別在你跟前數落對方的不是，然而兩人表面上依然友好。所以，你生怕兩面皆講好話，會被認為是牆頭草。其實，除了這點，你更該小心，因為另一個可能性是，甲、乙兩人是否在對你試探些什麼？

先講前一種可能。有些人心胸狹窄，十分小氣，又善妒，所以因為某些問題，令兩人發生心病，是不足為奇的，但表面上又不願意翻臉，故向較親近者傾訴心中情，是自然不過之事。

你這個夾心餅乾並不難做，同樣冷漠對待兩人是妙法，對方發現沒有人同情，必然滿不是滋味兒，定會另找「有愛心之人」去，那麼你就自動「脫身」了。

若發現兩人是另有用心，旨在試探你對他倆的喜惡程度，你就該步步為營了。既然對方的動機不良，你亦不必過分慈悲，不妨還以顏色。分別跟他們說：「對不起，我的看法對你們並不重要呀！」用這一招，他們必然無功而退。

部門主管們之間，有太多的微妙關係存在，大部分是亦敵亦友的，無論私交如何要好，在老闆面前，既然是在競爭之下，他撐起一把保護傘，別人的是非千萬別沾惹。

今天，某甲跟某乙像最佳搭檔，在辦公室是「哥兒們」，但很有可能幾天後，兩人就反目變成仇人了。

所以，某些人可能為了某些目標，希望化干戈為玉帛，以方便日後做事，但親自出面又太唐突，於是便找來「和事佬」。而若你是和事佬，本來讓人家化敵為友，是一件好事，但做好事之餘，請做些保護自己的工作，就是給自己的行動定一個界線。

例如有人請你做「和事佬」，你不妨只做飯局的陪客，或作為某些聚會的發起人，但不宜將責任全往身上攬。你最好對雙方的對與錯均不予置評，更不宜為某人去做解釋，告訴他們「解鈴還需繫鈴人」，你的義務到此為止。

對上司不滿、對公司不滿，永遠大有人在，遇到同事來訴苦，大指某人有意刁難他，或公司某方面對他不公平，你應該做到既關心同事的利益，又置身事外。

例如，同事與某人有嫌隙，指出對方凡事針對他，甚至誤導他。你或許會很有耐性地聽他吐苦水，聽他細說端詳，但奉勸你只聽，不問。尤其是切莫查問事

件的前因後果，因為你一旦成了知情者，就被認定是當然的「判官」了，這就大為不妙。你只須平心靜氣開導他：「我看某人的心地不差，凡事往好處想，做起事來你會更開心的。」

要是對公司不滿，你的立場就比較複雜，但站到同事那邊，又有害無益。可是，人家來找你，保持緘默實在不禮貌。不妨這樣告訴他：「公司的制度不斷改進，這次你覺得不公平，或許是新政策的過渡期，你不妨跟上司開誠布公談一下，但犯不著堅持己見。」幾句話輕輕帶過才是上策。

一位向來忠心已服務公司多年的同事，突然離辭，惹得眾說紛紜，不少同事還千方百計去細問當事人，誓要找出真相。其實，知道了真相，對你有好處嗎？肯定沒有，壞處倒有一大堆。

例如，你或許會無端捲入人事漩渦，曉得行政高層的祕密，對你的工作態度多少有些影響。還有，你更有可能被列為「某類分子」。

所以，過去的即將過去，不必去追究了；除非這同事向來與你頗投契，自動向你訴苦水，但你也只適宜做個聆聽者，千萬不要當「廣播電台」。你應該做的，是送上誠意的祝福，好比贈對方一件紀念品，當作紀念你們的情誼。又或者，請對方吃一頓飯，當作餞別。

至於其他同事的行動，大可不必理會，也不必加以批評，這叫作獨善其身。什麼都可以沾，但別沾上是非，陷進是非圈裡，你就難以脫身，輕則灰頭土臉、重則裡外不是人，所以，別妄想當「兼濟天下」的「聖人」，還是好好「獨善其身」吧！

08

雙方都能欣賞的話才叫玩笑話

得體的玩笑可以活躍氣氛、鬆弛神經，但萬一掌握不好分寸，就可能傷害感情，甚至惹起事端。玩笑失去了分寸，就會成為惡意的嘲笑，讓人際關係受損。

林小姐身材高大，體態稍微臃腫，而且年逾三十了，卻遲遲未婚。她將擇偶難的原因，主要歸結為自身的外表條件差。因此，平時她內心一直十分痛苦，無論衣著打扮還是言談舉止，都儘量避免露胖。

有次公司裡舉行聚餐，大家說說笑笑中，忽然將話題轉到健美上來。有一位男性同事笑著對林小姐打趣道：「唉呀，妳要是參加健美運動，不早就變成一隻輕盈的小燕子了！」這句隱含著揶揄林小姐過胖的玩笑話，一下子碰觸到了林小姐的忌諱。只見她臉刷地紅了，一聲不吭，轉身就離開了會場。

回到家裡後，她趴在枕頭上暗自流淚，氣得整整一天不思飲食。事後，還是家人相勸，才使她停止自卑及自閉的行為。

心惠和依婷是同室友，兩人形影不離，親如姐妹。有一天，心惠在一群女同事中間，當面對依婷的衣著打扮，進行了一番議論。她用開玩笑的口吻，說依婷的衣裙像筒子，皮鞋像小船，還對她的髮型做了一番評論。

但其實心惠在說這些玩笑話時，內心並無惡意，也不曾想到這會引起依婷的不悅。她只不過想透過這些逗趣話，提醒依婷改進一下自己的衣著，將自己打扮得更漂亮一些。但是依婷卻生氣了，她沉臉回說：「我沒妳那麼會打扮！妳身上的東西都很適合妳！」

從那以後，兩人關係疏遠了，依婷有什麼心裡話也不再跟心惠說了。

人際關係中，開玩笑一定要把握分寸，詼諧而不傷人，以下幾點，就是開玩笑時應該注意的：

一、內容要正當

笑料的內容取決於開玩笑者的思想情趣與文化修養。內容健康、格調高雅的笑料，不僅給對方愉悅的精神享受，也是對自己美好形象的有力塑造。

鋼琴家波奇在一次演奏時，發現全場有一半座位空著，他對聽眾說：「朋友們，我發現這個城市的人們都很有錢，我看到你們每個人都買了二、三個座位的票了。」於是聽眾放聲大笑。波奇無傷大雅的玩笑話使他反敗為勝，化解了門票銷售不佳的窘境。

二、態度要友善

與人為善，是開玩笑的一個原則。開玩笑的過程，是感情互相交流傳遞的過程，如果借著開玩笑對別人冷嘲熱諷，發洩內心厭惡、不滿的感情，那麼除非是傻瓜才識不破。也許有些人不如你口齒伶俐，表面上你是占了上風，但別人會認為你不夠尊重他人，因此不願與你交往。

三、行為要適度

開玩笑除了可借助語言外，有時也可以透過行為動作來逗別人發笑。但是不能失去分寸。

有對夫妻，感情很好，整天都有開不完的玩笑。一天，丈夫擺弄獵槍，對準妻子說：「不許動，再動我就打死妳！」說著不小心就扣動了板機。結果，妻子被意外地被打成重傷。

四、對象要區別

同樣一個玩笑，能對甲開的玩笑，卻不一定能對乙開玩笑。人的身分、性格、心情不同，對玩笑的承受能力也不同。

一般來說，後輩不宜和前輩開玩笑；下級不宜和上級開玩笑；男性不宜和女

性開玩笑。在同輩人之間開玩笑，則要掌握對方的性格特徵與情緒資訊。對方性格外向，能寬容忍耐，玩笑稍微過大也能得到諒解，但是若對方性格內向，喜歡琢磨言外之意，開玩笑就應慎重。

對方儘管平時生性開朗，但如恰好碰上不愉快或傷心事，就不能隨便與之開玩笑。相反的，對方性格內向，但正好喜事臨門，此時與他開個玩笑，效果會出乎意料地好。

五、必要的忌諱

*1.*和長輩、晚輩開玩笑忌輕佻放肆，特別忌談男女事情。同輩的玩笑要高雅、機智、幽默，樂在其中。在這種場合，忌談男女風流韻事。當有人開這方面玩笑時，自己以長輩或晚輩身分在場時，最好不要多話，只要若無其事地旁聽就是。

*2.*和非血緣關係的異性單獨相處時忌開玩笑。哪怕是開正經的玩笑，也往往會引起對方反感，或者會引起旁人的猜測非議。

*3.*和殘疾人開玩笑，注意避諱。人人都怕別人用自己的短處開玩笑，俗話

說，不要當著和尚罵禿驢，癩了面前不談燈泡。

4.朋友陪客時，忌和朋友開玩笑。人家已有共同的話題，已經釀成和諧融洽的氣氛，如果你突然介入與之玩笑，轉移注意力，打斷對方的話題，破壞談話的雅興，朋友會認為你掃他面子。

雙方都能欣賞的話才叫玩笑話，所以開玩笑之前多替對方想一想，看看對方是否能接受，如果不考慮對方的接受度就亂開玩笑，就只會自討沒趣。

09

熱情也要節制

荷馬說：催趕想多待一會兒的客人和挽留想告辭的客人，同樣都是失禮的。人想要做到好客有禮，就應該對臨門的賓客表示歡迎，並在他起身告辭的時候將他送出家門。

中國人天性熱情，關心他人比關心自己為重。待人熱情固然很好，但如果沒了分寸，那就過猶不及了。

與中國人的熱絡不同，外國人大都強調個性獨立，所以不要把中國式的善意關心施之於外國人，否則會吃力不討好。你問外國朋友「吃飯沒有？」「上哪兒去？」「該多穿幾件衣服了。」顯然是好意，他會認為你干涉了他的個人自由及隱私。

有一位英國女士在中國待了三年，國語說得不錯。有一位中國朋友，熱情邀請她去自家做客，英國女士也就答應了。進了門後，中國朋友又是拿水果，又是倒茶的，並讓自己的母親陪客人聊天，她就進廚房炒菜去了。

老太太也很熱情，親熱地拉著手問：「小姐，妳多大年紀了？」

英國女士愣了一下，勉強回答說自己幾歲了。

老太太掐指一算，繼續問：「那妳結婚了嗎？」

這位女士面帶不悅地回答：「還沒！」

老太太一拍手掌：「那怎行啊？再不結婚就太晚了，趕緊找一個吧。咦，妳是不是有什麼難言之隱啊！」

英國女士再也坐不住了，她站起來說：「我的身體很健康，結不結婚我也有選擇的自由。對不起，我還有事先走了，麻煩您轉告您女兒！」說完就走了。

老太太目瞪口呆：「這外國人怎麼這麼急呢！」

生活中，很多外國人都對中國人的熱情大呼「吃不消」，他們認為過分的熱情侵犯到了他們的隱私。所以如果和外國人交往的話，不妨談談天氣美食，太過熱絡的關心就不必要了。

中國人講究待人接物既要誠懇熱情，又應當合乎彼此的身分和關係，符合禮儀規範。如果一味只顧熱情友好，而不顧「禮」的適度，就是所謂「熱情過頭」。「熱情過頭」與不夠熱情同樣有害。「熱情過頭」會被人視為失禮和沒有教養的表現。

例如，與初交或交情不深的異性談話，不應詢問其婚姻狀況，或是大談特談對方比自己的伴侶「強多了」。要是剛認識一位年近三十還未婚的女士，馬上就問人家為什麼還不結婚，甚至毛遂自薦要為對方當「紅娘」，顯然欠妥。

與業務夥伴談判或是聚餐時，一位異性突然起身往外走，很可能是想去「方便」一下。有時對方可能還會給自己找個藉口，比如說「出去打個電話」之類。此刻有教養的人是不會問對方「要去哪？」更不會要求陪對方去「打電話」。

剛上班不久的小王請師傅來家做客，小王與師傅交談時，母親已經準備好飯菜，師傅再三推辭，但抵不住小王全家熱情的、甚至有些強硬的挽留，只好同意共進午餐。

小王對師傅說：「來，洗洗手，摘下帽子，咱們倆喝點酒。」

小王發現師傅沒有摘掉帽子，便熱情地說：「屋裡有暖氣，不冷，不用戴帽子，快摘了吧！」

師傅連聲說：「好，好，先喝酒、先喝酒。」

小王著急了：「喝酒更熱，出了汗到外面會著涼的！」見師傅不加理會，小王便站了起來說：「我幫你摘！」沒等師傅搭腔，小王已經把那頂帽子給摘了下來，霎時，全家都愣住了，原來師傅頭上光光的，沒有一根頭髮。

小王拿帽的手停在空中，但只一秒鐘，迅速地又把帽子戴到了師傅頭上，一切都發生的那樣快，小王和師傅都尷尬得不知所措。

熱情過度使人感覺失禮、冒失，沒有教養，其效果往往適得其反。比如在宴會上相互敬酒表示友好，但如果過分熱情，硬讓不會喝酒的人喝酒甚至過量喝酒，就容易失言失態，進而破壞宴會的氣氛，也使客人的身心受到傷害。

小張曾到一位朋友家做客，朋友很熱情，準備了豐盛的菜餚。他很感激朋友的好客，可是其中一道菜是他平生最不喜歡吃的，而朋友卻一定要他品嚐其手藝如何，說這是他最拿手的。若是不吃，朋友的盛情難卻，且菜已進了自己的盤中；吃了，的確又難以下嚥。

最後為了不使朋友失望，小張硬著頭皮把它吞下。飯吃完，朋友又提議去唱歌，到了KTV，朋友熱情地為小張等點了他自認為會唱的歌，弄得大家拿著麥克風不是跟不上節拍，就是唱走調了，最後表面上是玩得熱鬧，但是小張心裡的感覺並不舒服。

有人天性熱情好客，把怠慢朋友視為不夠朋友。按說這種人的真誠應最能獲得朋友的好感，可是事實卻恰恰相反。凡受過這種人熱情款待過的朋友，或多或少都會被他的熱情灼得不甚好受。

人與人之間都有個交際距離，熱情也應維持在一個限度內。待人過於熱情的人，實際上是在過於強硬地拉近雙方的距離。這樣的做法，反而會引起對方的不悅。

Part 2

巧用人際關係的策略和技巧

人際關係是磨練人的戰場，聰明的人總能打勝這場仗，因為他們懂得巧用人際關係的策略和技巧。他們知道怎樣選擇交際時機，懂得怎樣處理特殊情況，能充分利用自己的種種優勢與人交往，結果在人際關係場上無往不利、處處逢源。

當然，沒有誰的人際關係能力是與生俱來的，它需要透過不斷的歷練來提高，只要你用心揣摩，你也一定能掌握其中的奧妙。

10

敬酒、罰酒都要準備

有一隻兔子在覓食時碰到了兩隻獵狗，兔子嚇得轉身就要逃。獵狗甲攔住牠：「別怕！兔子老弟，哥哥今天沒心情逗你，做哥哥的求你幫個忙！」

「什……什麼？」兔子直打顫。

「看到那片瓜地了嗎？我們兄弟今天想嚐嚐鮮，就拜託老弟你幫我們弄點瓜來嚐嚐吧！」

「這可不行！」兔子連忙拒絕，「被人發現我就沒命了！」

「是嗎？那我們兄弟總要吃點東西啊！」獵狗甲朝獵狗乙一使眼色就把兔子圍了起來，兩隻獵狗都朝兔子齜著牙，結果兔子只好乖乖地幫牠們偷瓜去了！

成功公式中，最重要的一項因素是與人相處。交際策略一般都是軟性的，比如「遇事好商量」、「遇事讓人三分」……等等，這都是人際關係中人們常用的態度和方法。但不是所有的時候「軟性手段」都會靈驗，有的人就是欺軟怕硬，敬酒不吃吃罰酒，好話聽不進，惡話倒可讓他清醒，這樣一來，「強硬的態度」就成為必要的手段。

到江州漁船上搶魚的李逵，好話聽不進，硬是碰到浪裡白條張順，把他誘進水裡，水上的硬功夫，把一個鐵漢子淹得死去活來，他才不敢冒失了，也才真正領教了逞強的苦頭。

浪裡白條張順，也是軟性的辦法用盡才來硬的。並且用計把李逵引到水上，讓他英雄無用武之地，這樣一來，張順才可以發揮自己的硬功夫。

就客觀情況而言，在人們的交際活動中，軟與硬的兩手策略是相輔相成、密不可分的。如果有所偏頗，自己便要吃虧。也就是一個人如果太軟，則易給人弱者的印象，覺得你好欺負，於是經常受到別人行為、言語、態度的戲弄與不恭。

這種現象是普遍的，因為不可能指望人們公正無欺的待人，而恰恰相反的是，更多的人們總多少有點「欺軟怕硬」的毛病，因此交際中不可一味的採用軟性的手法。

當然，與人交際，也不可太強勢，或一味的強硬。一個人太強硬，必然使人覺得他渾身長刺，別人對他的態度是：「人狠不逢」，換句話說，就是「你太狠我不惹你，惹你不起還躲不起！」這是一般時候的態度。到節骨眼上，別人忍無可忍，牆倒眾人推，如張順和眾多漁夫對付李逵，李逵的惡運就難逃了。

那時的李逵在水裡淹得死去活來，要不是宋江來得及時，再拖延幾口氣的工夫，只怕李逵就要被張順丟到江中給魚吃去了。

所以，為了生活平安、辦事順利，初入社會的人，過分軟弱、過分單純的人，務必要瞭解「軟硬兩手」的效用，才能用軟硬兩手交替的謀略。

淡如到新公司才一個多月，她卻覺得特別累、特別煩躁，讓她產生這種感覺的就是公司裡四十多歲的財務主管「盧姐」。

盧姐是老總的小姨子，在公司裡頗有地位，也不知淡如哪兒得罪她了，她一直看不順眼淡如，還常在背後說淡如的壞話。對於這些事，淡如都忍了下來，她覺得自己是個新進員工，得罪不起人家。其實她也曾想過要改善自己和盧姐的關係，可是每次自己的善意都無功而返——人家根本就不理睬，淡如也就不想再自討沒趣了。

這天財務室通知淡如去領出差報銷費用，淡如接過錢一看，只有六百四十元，還少了四百多元，就拿著錢去找盧姐。盧姐冷著臉說：「發票上就這些，妳還想要多少？」說完就把淡如的出差發票摔了過來。

淡如一查發現少了一張住宿發票，可是盧姐卻狡猾地說：「妳給我的就這些，誰知道妳把發票弄到哪兒去了！

淡如明白了，這一定是盧姐搞的鬼，她忍住一口氣，平靜地說：「發票交上去的時候，我是編了號碼的，我用鉛筆在發票背面標好了，當時同事小王、小趙都在場，但現在發票卻少了第四張，我要去找老總，如果老總也說責任在我，那我就自認倒楣！」

盧姐這下傻眼了，嘴唇哆嗦著卻不知要說什麼，淡如趁機又說：「盧姐，其實我也不想把小事弄大了，鬧到老總那兒對誰都不好，我想會不會是會計把發票弄丟了，事情這麼多，您也不可能都照顧到了，要不您再找找！」盧姐連忙點頭。下午的時候，盧姐親自把錢送給淡如，而且以後再也沒找過淡如的麻煩。

淡如實在是個很聰明的女孩子，雖然是初入社會，但卻完全掌握了「軟硬兼施」的謀略，結果大獲成功。如果當時她和盧姐大吵一架的話，也能把錢要回來，甚至讓盧姐挨批，但她以後的日子一定會更不好過。當然她也可以把這口氣忍下去，不過以後她就會遇到更多這樣的事，誰叫她是「軟柿子」呢！

社會複雜，什麼樣的人都有，每個人都可能遇到淡如這樣的事，這時候你就要學習學習淡如的策略，把罰酒、敬酒一起端上桌，讓對方自己選擇，這樣一來，就沒有什麼事是解決不了的。

「罰酒」與「敬酒」作為一種謀略，或者作為一種交際手段，無論何種場合都不可偏廢，如果你能一邊展現友善、通情達理，一邊顯示尊嚴和力量，一定會在交際場合中大獲全勝。

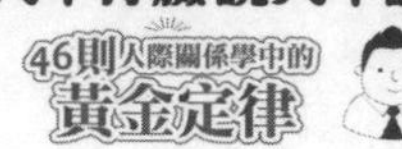

11 讓人一步不是懦弱

以「退讓開始，以勝利告終」，是人際關係學中的一條黃金定律。「讓人一步」不是懦弱，尤其是在你有理的情況下。當雙方處於尖銳對抗狀態時，得理者的忍讓態度，能使對立的敵對情緒「降溫」。

下面介紹一些適時化解敵對情緒的方法：

一、給彼此找個台階下

生活中常有一些人特別固執己見，十分容易為些小事情同別人爭論，而且火藥味濃烈。這時候，得理的一方應當有容人的雅量，他可以一面解釋、一面折衷協調，最好使用不帶刺激性的「各打五十大板」或者雙贏的語言形式，以避免衝突的擴大。

有一位先生，有一次到岳父家吃飯，進餐時翁婿兩人聊起了一條高速公路的修建問題。這位先生認為：公路的進度一再推遲，是有關當局的一個嚴重錯誤；而岳父則不同意，認為公路本來就不該興建。兩人你一言我一語，爭論漸趨激烈。後來那位泰山大人把問題扯到「年輕人自私心重，沒有環保意識」上，顯然是在批評女婿。

女婿怕再爭論下去傷和氣，便婉轉地說：「可能我們的看法永遠也不會相同，可是，那沒有什麼，也許我們都是對的，也許我們都是錯的，這也是未可知的事。」

女婿的一席話，不僅給自己搭了台階，也給爭論雙方打了圓場：避免了雙方爭論不休，影響感情。試想，如果女婿與岳父繼續爭下去，結果會如何呢？很可

能惹火老岳父而被臭罵一頓。

二、用解釋來熄滅怒火

有的時候，人和人之間相互發火，是因為互不瞭解、缺少溝通所造成的。這時候得理的一方切不可因對方的錯怪而以怒制怒。最好的方式是多加解釋，多溝通兩人的想法或者道歉、勸慰，與對方達成諒解或共識。

一家醫院裡，病人擠滿了候診室。一個病人排在隊伍中，將手上的報紙都看完了也沒有挪動一步，於是他怒氣沖天，敲著值班室的窗戶對值班人員大喊：「你們這是什麼醫院？這麼多人排隊你們看不見嗎？為什麼不想辦法解決？我下午還有急事呢！」

值班員面對病人的怒火，耐心解釋說：「很抱歉，讓你等了這麼久。醫生現在去開刀了，還在搶救一個命危的病人，一時脫不了身。我再打電話問問，看看他還要多久才能出來。謝謝你的耐心等候。」

患者排長長的隊伍卻得不到及時診治，責任並不在那個值班員身上，但是面對病人的錯怪，他卻沉住氣採取退讓的方式，一面解釋、一面勸慰，這就比以怒制怒、火上添油的回答好多了。

三、以柔克剛制蠻橫

面對蠻橫無理者，得理者若只用以惡制惡的方式，常常會大上其當。這時候，平息風波的較好方式莫過於得理者勇敢地站出來，主動承擔責任，以自責的方式對抗惡人惡語，以柔克剛。

有一個商場服務員，遇一個中年男子來退電磁爐。那電磁爐已經用得半新半舊了，他卻粗聲粗氣地說：「我才用了一個多月就壞了，這是什麼爛產品？你再給我換一個新的！」服務員耐心解釋，他卻大吼大嚷：「我來了你就得給退，光賣不退算什麼大公司！」

營業員雖然說的有理，但為了不使爭吵繼續下去，便溫和地對他說：「這個電磁爐已經使用一段時間了，又沒有品質上問題，按規定是不能退的。可是你執意要退，那就乾脆賣給我好了。」就在他掏錢的時候，那個粗暴的男顧客臉紅了，他終於停止了爭吵，悄然離去。

顯然，服務員的寬容與退讓的方式發揮了良好作用。因為它反襯出對方的無

理，服務員的以退求進有效地制止了事態的擴大。

人際關係中，千萬不要太固執，是你的錯當然要道歉和解；但是要你得理的話也不妨退讓一步，最終對方會知道是你對的，而你的寬宏大量也將會贏得最終的讚譽。

12 拐個小彎好辦事

小鹿到河邊喝水的時候，正好碰見了捕魚的水鳥，牠好奇地問水鳥：「大姐，我一直覺得很奇怪，你是怎麼一口把魚吞進肚子裡的，你從來都沒有被魚鰭卡到過嗎？」

水鳥歎了口氣：「我說小鹿兄弟，你還真是個直腸子，想辦法轉個彎，避開魚鰭不就沒事了嗎？」話剛說完，水鳥就把剛捕到的大魚朝空中一拋，讓魚頭朝

下，魚鰭向後倒的落進嘴裡，接著心滿意足地走開了。

人際關係中，你常會碰到各種「刺」，這個時候就該想辦法兜個圈子、繞個彎，避開那條「刺」，這是人際關係的基本策略和手段。

有位編輯向著名作家邀稿，便是繞著圈子，成功地「吃到了魚」，還連說「沒什麼刺」，以下便是他的巧謀妙計：

傳播媒體把某位文學界泰斗的脾性渲染得乖僻。數年前，有一位編輯參與編撰地方名人詞典。同仁都說，這位作家的資料不易到手，寫信發公函都杳如黃鶴。主編也為此大傷腦筋。鑑於前車之鑑，這位編輯對此事不加張揚。

他之所以決定試試，是因為第一，他對這位作者的著作及學術成就有所瞭解。第二，這位作家的叔父是這位編輯所念學校的前任老校長。憑此兩條，他建立起信心。自認籍籍無名，故投石問路，先迂而迴之。

當他去函希望他們惠賜資料，不久得到覆函：「來函敬悉。我們對國內外名人傳記請求供給資料，一概敬謝，偶有關於我們的條目，都出於他們自編。未便為你破例。」

好事多磨，果然吃了閉門羹。設身處地想想，若來者不拒，頻繁應酬，對其將是災難。藝術家自有他們的處世原則，但初既然供給資料不成，何妨另闢蹊徑。編輯自編草稿，呈其覆核，不是同樣可以完成組稿任務嗎？於是將有關此位作家的傳記資料，編撰成小傳，另附若干疑題，一併發函請教。

在忐忑不安中又接獲復函：「遵命將來稿刪一下，奉還。」對小傳中的名號大都刪除，批曰：「不合體例。」又訂正了錯誤。這真是意外之喜，同仁無不額手相慶，而對這位大作家抱「不怒而威」之成見，那裡有媒體形容的那麼誇張！

可見，與人交往、求人辦事最好能繞個彎，直來直去容易遭人拒絕。試想一下，如果那位編輯直接向這位作家要稿的話，結果會怎麼樣呢？恐怕也會如其他人一樣「杳如黃鶴」了。但這位編輯聰明地繞了個大彎，先是寫信聯繫感情，加深作家對自己的印象，接著再提出請求，終於獲得了成功。

還有一位編輯，也利用這種方法達到了邀稿的目的。某編輯準備向一名作家邀稿。那位作家一向以難於對付著稱，所以這位編輯在去他家之前，感到既緊張又膽怯。

剛開始並不成功，因為不論作家說什麼話，這位編輯都說「是，是」或者「可能是這樣的」。無法開口說明要求他寫稿的事。他只好準備改天再來向他說明這件事，此次隨便聊聊天就結束這次拜訪。

突然間他腦中閃過一本雜誌刊載有關這位作家近況的文章，於是就對作家說：「聽說您有篇作品被譯成英文在美國出版了，是嗎？」

作家猛然傾身過來說道：「是的。」

「您那種獨特的筆法，用英語不知道能不能完全表達出來？」

「我也正擔心這點。」他們滔滔不絕地聊著，氣氛也逐漸變為輕鬆，最後作家竟答應為編輯寫稿子。

這位不輕易應允的作家，為什麼會為了編輯一席話，而改變了原來的態度呢？因為他認為這位編輯並不只是來要求他寫稿，而且又讀過他的文章，對他的事情十分瞭解，所以不能隨便地應付。

讓對方以為自己對他的事非常清楚，就能像那位編輯一樣，在心理上佔優勢，得到對方的認同與接受邀約。人際關係中，腦筋要靈活一點，直來直去容易碰釘子，那就繞個彎，避開釘子，事情也許就辦成了。

13 主動解釋，要及時化解誤會

在人際關係中，由於一些意想不到的原因，常常會造成不必要的誤會。其實，這些誤會本來並不難消除，只要當場把真實情況多作解釋，便可免去很多麻煩。可是，人們往往忽略了，沒說這句話，結果留下遺憾。當然，事後進行溝通說明也可以補救，但總不如當場消除誤會的好。

夏潔是個不拘小節的女孩，大學畢業後直接去了一家水產公司上班。公司的老會計王姐非常喜歡她，對她一向照顧有加。有一天，王姐的孩子從網上下載了點資料，因為家裡沒辦法列印，所以就想麻煩夏潔幫忙列印，她說孩子著急要用。夏潔答應了，但當天的工作特別忙，就把這件事給忘了。

第二天，王姐來取東西時，夏潔這才想起來，只好回答說自己還沒弄呢！王姐臉色平靜地告訴夏潔不用弄了，孩子只是鬧著玩。夏潔也沒在意，這件事就算過去了。

但是後來夏潔發現王姐對自己變得有點冷漠，一次同事一起開玩笑時，夏潔說了句話，王姐緊跟著就意有所指地說了句：「那當然，人往高處走嘛！主管有事吩咐聲就行，咱們小老百姓哪能指使得動啊！」夏潔這才明白，王姐誤會自己了，可是事情過去了那麼久該怎麼解釋呀！

夏潔錯就錯在沒有當場跟王姐解釋清楚，如果她說明自己當天工作太忙的情況，也順便道歉，相信王姐不會不理解。

當我們出現了失誤時，很多人都覺得這沒什麼大不了的，不需要解釋什麼，結果就造成了對方的誤會，給自己也帶來了很多麻煩，所以必要的解釋一定不能少！那麼應該怎樣做解釋呢？

一、解說原委

當由於特殊原因造成失誤時，應及時實事求是地陳述原委。

為了防止他人產生潛意識的責難，當事人也可用自言自語的方式進行解釋。比如，開會時間過了，主持會議的主管才匆匆趕來，他邊走邊說道：「大家久等了。臨時接待了外商，剛送走。現在開會吧。」

只此一句，起碼有兩個作用：一是平息大家的怨氣。主持人遲到，耽誤了大家的時間，如此自我解釋就是一種道歉。二是說明了遲到不是有意的，而是遇到了特殊的情況，易於得到他人的諒解，不致影響主管的威信。

二、說明關係

有時在交際場合，對於可能引起他人猜測的人際關係或敏感問題，也要主動說明，以解嫌釋疑避免誤會。

有位處長到台北辦事，順便看看老同學，老同學上大學的女兒跟他上書店去買書。正巧碰上同公司一位出差的同事，處長和他寒暄幾句就匆匆離去。等他回到公司時，他在台北的「艷遇」已經滿城風雨，任他如何解釋也說不清。其實，他當時只要多一句解釋彼此的關係的話，這一切都不會發生了。

對易於被人猜測的男女關係應及時落落大方地說明，就可免去很多麻煩。某公司一科長與一位女同事出公差，在街口遇上一位熟人。科長主動介紹：「這是我們公司的王小姐，一塊兒到客戶公司開會，剛回來。」而王小姐也主動與之握手，自然免去了很多不必要的誤解。

三、說明背景

在交際時，把事情說得更準確，使他人理解得更全面，才不致造成誤會，還應對背景做必要的解釋和說明。

某主管找工人交談，一開始就交代背景：「馬上要進行分組作業了，可能會涉及到你的職務，我今天是以朋友的身分來和你談談……」主管這樣解釋自己的身分，說明不是傳達組織決定，而是朋友間推心置腹的交心，所以氣氛更融洽，工人也會敞開了心扉。

主動解釋的目的，是給對方打「預防針」。在提出對方不愛聽的問題時，常常有一句前言：「有句話不知該不該講……」或「我有一句奉勸的話，你可能不愛聽……」這種打預防針式的解釋，可以使對方充分理解自己的善意，不致當場形成誤會和對抗而影響彼此關係。

誤會越早解開越好，不要等到誤會變成了怨恨才開始著急，所以發生誤會時，少說一句不如多說一句，千萬別不以為意，結果卻造成更大的誤會！

14 當你受到了冷漠的對待時

人際關係中，受到「冷漠的對待」是很常見，但如果你不懂得化解冷漠，就會使人際關係受到極大影響。拂袖而去或糾纏不休都不是辦法，真正的聰明人要能根據受到「冷漠的對待」的差異，做出不同反應。

冷漠的對待無非分為以下三種情況：

一、是「自感性冷漠的對待」，即自我評估過高，對方未使自己滿意而感到

冷落。當你被冷落時，要區別情況，弄清原因，再採取適當的對策。對於自感性冷漠的對待，自己應多做自我反省，實事求是地看待彼此關係，避免猜疑別人和嫉妒他人。

常常有這種情況，在交際場合中，自以為對方會以熱情接待，可是到現場卻發覺，對方並沒有這樣做，而是採取低調的態度對待自己，這時，心裡就容易產生一種失落感。

其實，這種冷漠的對待是對彼此關係評估過高、期望太大而形成的。這種冷漠的對待是「假」冷漠的對待，非「真」冷漠的對待。如遇到這種情況，應重新審視自己的期望，使之適應彼此關係的客觀水準。這樣就會使自己的心理恢復平靜，心安理得，除去不必要的煩惱。

有位朋友到多年不見面的一個老戰友家去探望。這位老戰友如今已是商界的聞人，每天造訪他的人很多，因此，對一般關係的客人，他一律用「不太熱情」的方式待之。

這位朋友心想自己會受到熱情款待，不料遇到的是不冷不熱的態度，心裡頓時有一種被輕慢的感覺，認為此人太不夠朋友，小坐片刻便藉故離去。他怨氣沖天，決心不再與之交往。後來才知道，受到了冷漠的對待，只是此人在家待客的方針，並非針對哪個特定人士。他再一想，自己並未與對方有過深交，自感冷落，不過是自作多情罷了。於是又改變了想法，並採取主動姿態與之交往，反而加深了瞭解，促進了友誼。

二、是「無意性冷漠的對待」，即對方考慮不周，顧此失彼，使人受冷落。對於無意性冷漠的對待，應加以理解和寬恕。在交際場上，有時人多，主人難免招待不周，特別是各種人都同時出席時，出現顧此失彼的情形是常見的。當你遇到這種情況，千萬不要責怪對方，更不應拂袖而去，而應設身處地為對方著想，給予充分理解和體諒。

有位司機開車送人去做客，主人熱情地把坐車給迎了進去，卻把司機給冷落在門口。剛開始司機有些生氣，但轉念一想，在這樣鬧哄哄的場合下，主人疏忽是難免的，並不是有意看低自己、冷落自己。這樣一想，他的氣也就消了，便悄悄地把車開到市集上用餐。

等主人突然想起司機時，他已經吃了飯且又把車停在門外了。主人感到過意不去，一再道歉。司機連說自己不習慣大場合，且開車也不能喝酒。這種大度和為主人著想的精神使主人很感動。事後，主人又專門請司機來做客，從此兩人關係不但沒受影響，反而更密切了。

這種和善的態度引起的震撼，會比責備強烈得多，同時還能感召對方改變態度，用實際行動糾正過失，使彼此關係更加和諧。

三、是「蓄意性冷漠的對待」，即對方存心怠慢，使人難堪。

對於故意性冷漠的對待，也要依具體情況加以分析，予以恰當處理。一般來說，當眾給來賓冷漠的對待是一種不禮貌行為，若有意給人冷落，那就是個人意識問題了。在這種情況下，予以必要的回擊，既是自尊的需要，也是刺激對方、批判錯誤的正當行為。當然，回擊並不一定非得是動手動腳、大吵大鬧不可。理智的回敬是最理想的方法。

有一天，納斯列金穿著舊衣服去參加宴會。他進門後，沒人理睬他，更沒人給他安排座位，於是他返回家裡，把最好的衣服穿起來，又來到宴會上。這一次主人馬上走過來迎接他，安排了一個好位子，還為他擺上了最好的菜。

納斯列金把他的外套脫下來，放在餐桌上說：「『外衣』，吃吧！」

主人感到奇怪，問：「你為什麼叫外衣吃呢？」

他答道：「我在招待我的外衣吃東西。我穿舊衣服來時，沒人理睬我，換了新衣服後，立刻被奉為上賓，你們的這酒和菜不是給衣服吃的嗎？」

主人的臉一下子紅了。納斯列金巧妙地把窘迫還給了冷落他的主人。

還有一種方式，就是對有意冷落自己的行為持不在乎的態度，以此自我解脫。有時候，對方冷落你是為了激怒你，使你遠離他，而遠離又不是你的意願和選擇。這時，聰明的人會採取不在意的態度，「厚臉皮」地面對冷落，我行我素，以熱服冷，以有禮對無禮，進而使對方改變態度。

冷漠的對待確實令人感到尷尬，但卻是在人際關係中每個人都會遇到的事情，所以你必須學會巧妙的化解它，這樣你才能適應各種人際關係的不同環境。

15

在交際中佔上風

人際關係的成敗往往取決於交往中誰占的上風比較多，所以你應該學會開發自己的交際優勢，掌握交際的主動權。

交際優勢可以分為兩種：一是本色優勢，比如地位、財富等賦予人們的某種優勢。二是爭得的優勢，就是發揮主觀能動性，調動自己的智慧，開發創造出來的交際優勢。比較而言，後者更具有重要的意義。下面舉幾個例子：

一、製造「形象優勢」

有一家公司經營不景氣，產品積壓，資金短缺，發不出工資。為了擺脫困境，必須開拓市場。有一次，經理與一位外商談判，希望能搶得一份訂單。他在經濟十分拮据的情況下，仍把談判的地點訂在一家五星級飯店，還租借了一輛豪華汽車，又帶著祕書及工作人員，以這樣的陣容出現在對方的面前。結果，這次談判很順利，他們接到了訂單，工廠出現了轉機。

經理很善於創造優勢，他透過選擇談判地點、車輛等加強了自己的交際形象，創造出一種有實力的印象，因而使他在談判中處於主動地位。假如不是這樣，結果可能就是另一種情形了。

二、展示「成果優勢」

有一位青年學者到某大公司謀職，他沒有像一般人誇耀自己有多大的本事，也沒有誇誇其談，他抱了一堆書，給每個考官一本，說：「這是我這幾年出版的幾本有關的書，請各位主管指教。」這幾本書一放，幾個主管的眼神立即透出了敬意，接著用商量的口吻說：「你到我們公司來應徵，那你對我們公司有什麼看

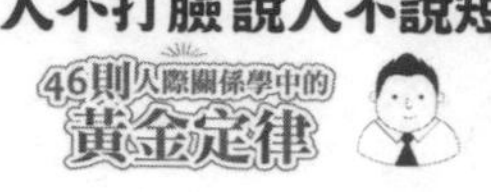

法？」他們發現了一個人才，也可以說是自己送上門來的人才，豈能放過！這次面談，他被錄用了。

顯然，這個青年是用了心計的，他知道如何推銷自己。透過實物來展示自己的才幹，這種優勢是很有說服力的。

三、利用「地域優勢」

有一位北部來的客人，到台南辦事。接待他的是一個當地年輕人。年輕人開門見山的就說：「這件事不怎麼好辦。沒有什麼談判的餘地了。」但客人沒有灰心，他問：「你去過台北嗎？」「沒有，很想去的，可是沒有機會。」他抓住這個機會說：「我住台北，你想要去，我可以安排你的食住行。」這樣一說，年輕人的口氣不同了。接下去他們談得十分投機，剛才已經結束的話題又重新提起。

一般偏遠地方的人對於大城市都有一種天然的嚮往之情。這位台北人利用對方的這種心理，及時展示自己的地域優勢，彼此之間的距離也就拉近了很多。其實很多地方都令人嚮往，都可以成為你的人際資本，關鍵看你是否會運用。

方法還有很多種，不一一例舉。僅從上述事例可以看出，在交際中，只要動動腦筋，總是可以為自己製造出許多優勢的。不過，在利用、創造和展示自己的優勢時，必須注意以下幾個問題：

*1.*應該認識到優勢是相對的，要因人而異

對於任何一個人來說，優勢沒有絕對的意義，只有針對具體人才稱得上是優勢。這告訴我們，在展示自己的優勢時，要根據對方的情況來決定，不能只是一廂情願的表現。比如，地理上的優勢對一個同鄉來說，就不是什麼優勢，只有對於那些遠離此地的人才有吸引力。再如，一個有錢的小開對於普通人有財力上的優勢，可是一旦在百萬富翁的面前，就相形見絀了。

*2.*要根據現場的情況靈活地利用優勢

交際者要有很強的觀察力和判斷力。要根據交際現場的情況變化，及時捕捉資訊，抓住對方的劣勢和心理，以此決定自己的對策，展示和創造自己的優勢。

*3.*展示優勢要自然得體，不要弄巧成拙

擁有交際優勢的一方往往可以取得交際的主動權，進而在一定程度上左右對方，使情勢朝向有利於自己的方向發展，並取得交際的最終成功地步。

Part 3

別當人際關係學中的呆瓜

你總是像火山爆發般發洩自己的不滿嗎？小心你炙熱的岩漿不但傷了周圍的人，恐怕連你自己都體無完膚。

16 不要意氣用事

同事幾乎天天見面，各人的性格脾氣不同，優點和缺點也比較明顯，尤其各人行為上的缺點和性格上的弱點明顯時，就會引起各種不同的衝突。

小蕾很討厭財務部的王會計，每次到她那裡去拿報表什麼的，都要費半天勁，結果還被經理說成是「辦事慢吞吞」！

王會計也非常討厭小蕾，覺得她整天氣呼呼，不尊敬老員工，結果兩人越弄越僵，小蕾摔東西、使臉色，王會計就說東道西、指桑罵槐。小蕾真想換工作，可是在公司除了與王會計不愉快之外，一切都很順利，她還真捨不得這份工作，該怎麼辦呢？

同處在一個辦公室裡，如果跟同事發生衝突，不但傷害感情，也影響工作，事情鬧大了，還容易引起主管不滿，影響自己的前途，所以跟同事鬧矛盾就是在自找麻煩。

其實，同事之間有了矛盾仍然可以來往。首先，任何同事之間的意見往往都是起源於對事情有不同的看法，而並不涉及個人的其他方面。事情過去之後，這種衝突和矛盾可能會由於人們思維的慣性而延續一段時間，但時間一長，也會逐漸淡忘。所以，不要因為別人的意見和你不同而耿耿於懷。只要你大大方方，不把它當一回事，對方也會以同樣豁達的態度對待你。

其次，即使對方對你仍有一定的成見，也不妨礙你與他的交往。因為在同事之間的來往中，我們所追求的不是朋友之間的那種友誼和感情，而僅僅是工作。彼此之間有矛盾沒關係，只求雙方在工作中能合作就行了。

由於工作本身涉及到雙方的共同利益，彼此間合作如何，事情成功與否，都與雙方有關。如果對方是一個聰明人，他也會努力與你合作。如果對方執迷不悟，你不妨在合作中或共事中向他點明這一點，以利於相互之間的合作。

同事之間有了矛盾並不可怕，只要我們能夠面對現實，積極採取措施去化解，同事之間仍會和好如初，甚至比以前的關係更好。

要化解同事之間的矛盾，你應該採取主動態度，不妨嘗試著拋開過去的成見，更積極地對待這些人，至少要像對待其他人一樣地對待他們。一開始，他們會心存戒意，而且會認為這是個圈套而不予理會。耐心些，沒有問題的，將過去的積怨平息的確是件費功夫的事兒。你要堅持善待他們，一點點地改進關係。

如果是深層次的問題，你可以主動找他們溝通，並確認是否你不經意地做了一些事兒得罪了他們。當然這要在你真誠希望與對方和好後才能這樣行動。曾見到有些人坐在一起，表面上為了解決問題，而實際上卻是大家更強硬地陳述自己的觀點。

他們可能會說，你並沒有得罪他們，而且會反問你為什麼這樣問。你可以心平氣和地解釋自己的想法，比如你很看重和他們建立良好的工作關係，也許雙方存在誤會等等。如果你的確做了令他們生氣的事，而他們又堅持說你們之間沒有任何問題時，責任就完全在他們了。

或許他們會告訴你一些問題，而這些問題或許不是你心目中想的那一個問題，然而，不論他們講什麼，一定要聽他們講完。

同時，為了能表示你聽了而且理解了他們講述的話，你可以用你自己的話來重述一遍那些關鍵內容，例如：「也就是說我放棄了那個建議，那你感覺我並沒有經過仔細考慮，所以這件事使你生氣？」

現在你瞭解了癥結所在，而且可以以此為重新建立良好關係的切入點，但是，良好關係的建立應該從道歉開始，你是否善於道歉呢？

如果同事的年齡、資格比你老，你不要在事情正發生的時候與他對質，除非你肯定你的理由十分充分。更好的辦法是在你們雙方都冷靜下來後解決，即使是在這種情況下，直接地挑明問題和解決問題都不太可能奏效。你可以談一些相關的問題，當然，你可以用你的方式提出問題。

如果你確實做了一些錯事並遭到指責，那麼要重新審視那個問題並要真誠地道歉。類似「這是我的錯」這種話是可能創造奇蹟的。

與同事相處千萬不能太計較，一些雞毛蒜皮的小事就讓它過去，斤斤計較只會使彼此都不愉快。度量大一點，你也不會吃多少虧，反而會有個好人緣。

17 辦公室裡的十大忌

同在一個辦公室裡，有人能和同事打成一片，有人卻孤孤單單，除了重大問題上的矛盾和直接的利害衝突外，平時不注意自己的言行也是一個原因，下面這些言行是辦公室中應避忌的：

一、好事不通報

陸群的表姐是做總務的，所以公司裡有什麼好事，比如廠商送了幾箱水果、

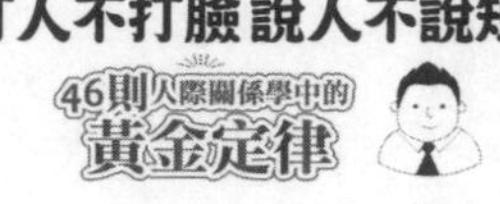

贈品，陸群總能最先得到消息，自然他每次都能比別人先拿到好的東西。但不知是否是太自私了，有好事時，陸群從來不向大家通報，大家自然也就離他遠遠的。現在看到陸群一個人行動時，同事就會冷笑著說：「看！不知道又有什麼好事了！」

公司裡發物品、領獎金等，你先知道了，或者已經領了，一聲不響地坐在那裡，像沒事兒似的，從不向大家通報，有些東西是可以代領的，也從不幫人領。這樣幾次下來，別人自然會有想法，覺得你太不合群，缺乏團體意識和合作精神。以後他們有事先知道了，或有東西先領了，也就有可能不告訴你。長久下去，彼此的關係就更不和諧了。

二、明知而推說不知

同事出差去了，或者臨時出去一會兒，這時正好有人來找他，或者正好有他的電話，如果同事走時沒告訴你，但你知道，你不妨告訴他們；如果你確實不知，那不妨問問別人，然後再告訴對方，以顯示自己的熱情。明明知道，而你卻說不知道，一旦被人知曉，那彼此的關係就勢必會受到影響。外人找同事，不管情況怎樣，都要真誠和熱情，這樣一來，即使沒有發揮實際協助的作用，外人也會覺得你們的同事關係很好。

三、進出不互相告知

你有事要外出一會兒，或者請假不上班，雖然批准請假的是主管，但你最好要同辦公室的同事說一聲。即使你臨時出去半個小時，也要與同事打個招呼。這樣一來，倘若主管或熟人來找，也可以讓同事有個交代。

如果你什麼也不願說，進出神祕兮兮的，如果正好有要緊的事要找你，同事就無法告訴你，有時也會懶得說，受到影響的恐怕還是你自己。互相告知，既是共同工作的需要，也是聯絡感情的需要，它表明雙方互有的尊重與信任。

四、可以說的私事

有些私事不能說，但另外一些私事說說也沒有什麼壞處，比如你的男朋友或女朋友的工作公司、學歷、年齡及性格脾氣等；如果你結了婚，有了孩子，有關懷孩子方面的話題，在工作之餘，都可以順便聊聊，它可以增進瞭解，加深感情。倘若這些內容都保密，從來不肯與別人說，這怎麼能算同事呢？

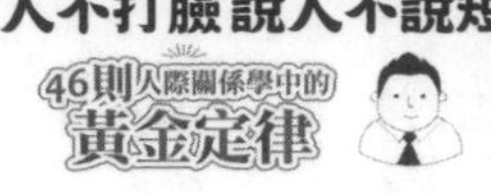

無話不說，通常表示感情之深；有話不說，自然表示人際間想保持距離的意思。你主動跟別人說些私事，別人也會跟你說，有時還可以互相幫幫忙。你什麼也不說，什麼也不讓人知道，同事怎麼信任你？信任是建立在相互瞭解的基礎之上的。

五、有事不肯求助

不輕易求人，這是對的，因為求人總會給別人帶來麻煩。但任何事情都是相關的，有時求助別人反而能表明你的信賴，能融洽關係，加深感情。比如你身體不好，你同事的朋友是醫生，你或許不認識，但你可以透過同事的介紹，以便看診時可以快點、仔細點。倘若你偏不肯求助，同事知道了，反而會覺得你不信任人家。你不願求人家，人家也就不好意思求你；你怕人家麻煩，人家就以為你也很怕麻煩。

良好的人際關係是以互相幫助為前提的。因此，求助他人，在一般情況下是可以的。當然，要講究分寸，儘量不要使他人為難。

六、拒絕同事的零食

同事帶點水果、糖果之類的零食到辦公室，休息時間，你就不要推辭，不要因為難為情而一概拒絕。有時，同事中有人中了獎或升官什麼的，大家高興，拱他買點東西請客，這也是很正常的，對此，你可以積極參與。

不要冷冷地坐在旁邊一聲不吭，更不要人家給你，你卻一口回絕，表現出一副不屑或不稀罕的神態。人家熱情分送，你卻每次都冷淡的拒絕，時間一長，人家就有理由說你清高和傲慢，覺得你難以相處。

七、喜歡口頭上佔便宜

在同事相處中，有些人總想在口頭上佔便宜。有些人喜歡說別人的笑話，討人家的便宜，雖是玩笑，也絕不肯以自己吃虧而告終；有些人喜歡爭辯，有理要爭理，沒理也要爭三分；有些人不論國家大事，還是日常生活小事，一見對方有破綻，就死死抓住不放，非要讓對方認輸不可；有些人對本來就爭論不清的問題也想要爭個水落石出；有些人常常主動出擊，人家不說他，他總是先道他人的不是，這種喜歡在嘴上佔便宜的人，實際上是很愚蠢的。他給人的感覺是太好勝，鋒芒太露，難以合作。

因此，講笑話、開玩笑，有時不妨吃點虧，以示厚道。你什麼都想佔便宜，想表現得比別人聰明，最後往往是人家對你敬而遠之，沒人想跟你說話，因為你都是對的，而別人都是錯的。

八、思緒過於敏感

有些人警覺性很高，對同事也時時處於提防狀態，一見人家在說話，就疑心在說自己；有些人喜歡把別人往壞處想，動不動就把別人的言行與自己聯繫起來；有些人想像力太豐富，人家隨便說了一句，根本無心，他卻想出了很豐富的內涵，自以為別人是在說他。

過於敏感其實是一種自我折磨，一種心理煎熬，一種自己對自己的苛刻。同事間，有時還是麻木一點為好。神經過於敏感的人，關係肯定搞不好。

過分的敏感，就像天平，米多了一粒，就馬上顯出重了；米少了一粒，也就馬上顯出輕了，如此靈敏的天平，多麼讓人難以操作！人與人也相同，你太敏感，人家就會覺得無法相處。

九、該做的事不做

幾個人在一個辦公室，每天總有些雜務要處理，這些雖都是小事，但也要積極去做。如果同事的年紀比你大，你不妨主動多做些。懶惰是人人厭惡的，如果你從來不帶水，可是你卻每天都要喝水，報紙從來不夾，可每天都爭著看，久而久之，人家對你就不會有好感。

如果你自己的房間收拾得非常乾淨，可是在辦公室裡卻從不掃地，那麼人家就會說你比較自私。幾個同事在一起，就是一個小團體的事，要靠團體來做，你什麼都不做，就顯得有點不合群了。

十、主管面前獻殷勤

對公司的主管要尊重，對主管正確的指令要認真執行，這都是對的。但不要在主管面前獻殷勤，猛拍馬屁。有些人工作上敷衍了事，或者根本沒做事，但一見主管來了，就讓座、倒茶、遞菸，公開吹捧，以討主管的歡心。這種行為，雖然與同事沒有直接的利害關係，但正直的同事都是很反感的。他們會在心裡瞧不起你，不想與你合作，有的還會對你嗤之以鼻。如果你的上司確實優秀，你真心誠意佩服他，那就應該表現得含蓄點，最好展現在具體工作上。

有些人經常瞞著同事向上司反映問題，而這些問題往往是同事們平時在辦公室裡談論的。這實際上是一種變相的獻殷勤，同事得知後，也會厭惡你的行為。

「千里之堤，潰於蟻穴」，一些小細節看起來不起眼，卻可能對人際關係產生重大影響，不注意改正的話，你很容易會成為辦公室裡不受歡迎的人物。

18 辦公室裡的小人

所謂「人在面對小人時不應一味逃避，你應該準備一瓶殺蟲劑」，辦公室裡總會有競爭，有競爭就會耍手段，所以不管你願不願意，你都得一邊應付工作，一邊應付複雜的人際關係。

「害人之心不可有，防人之心不可無。」就算你憎恨弄權，自己又不會耍弄手段，卻無法保證別人不會向你打主意。尤其是當你既有才幹又有企圖心時，有

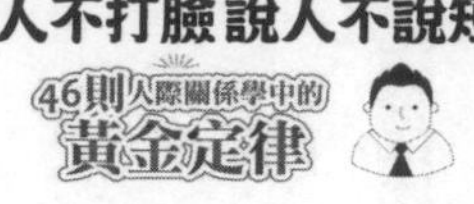

的人便想把你踢出去。這種人多數好大喜功，而且狡猾萬分，通常在你不注意的時候來一招，全無痕跡。你想揭穿他的詭計卻又沒有證據。

當然，你不必和別人一樣地要手段，工於心計。如果你喜歡現在的工作，不想辭職，而你所在的公司又流行這種玩意的話，那你便要瞭解別人玩的手段，打起精神，妥善應付，防患於未然。

有的人善於將謠言作為一種犀利的武器，最大的目的就是想破壞對方的聲譽，好突出自己的才幹。假如被攻擊的對方是一個能幹的女同事，他們最容易見效的方法就是用「性」攻擊。說她的成功就是因為她和上司和客戶之間的關係，所以才保得住生意，得到老闆賞識，以至加薪升級。

有的人對於一般曖昧行為最為敏感，也最津津樂道，若這種曖昧行為發生在公司裡，哪怕只有一點蛛絲馬跡，他們也會加油添醋，把事情誇張得有聲有色；就算沒有其事，也會被他們渲染得「確有此事」一般。

一位林小姐在某外商公司做事，她的工作能力有口皆碑，職位也頻頻上升。

每當人們一提起她，個個都豎起大拇指，稱讚這位林小姐聰明、有學問、有見地、辦事一流而且口齒伶俐，不論對上對下，都能把關係處得極為融洽。

這情形引起了某些同事的妒忌，所以對她也就更加眼紅。

這位林小姐的工作需要經常和外界接觸，包括她的外國上司。沒有多久，便有人傳出她的擢升是靠和上司發生關係才得到特別青睞的。這個謠言，剎那間便傳遍了各個部門。

謠言使這位林小姐極為生氣。幸好她修養功夫到家，不但沒有發作，還想出澄清問題的高招。她沒有向上司投訴，而是在一個週末，邀請了上司夫人到她家裡做客，同時還邀請了一位平日一起出入的小姐做伴。這位林小姐平易近人，轉眼間，上司太太便和她非常友善，並於下個週末，回請她倆去野營晚餐。在往後的日子裡，她們有來有往。

果然，這個策略產生了效果，沒有多久，謠言便平靜下來。她的上司當然瞭解她這份苦心，只是沒有道破而已，並對她獨自處理這件事的方式大為讚賞。

另外一種最常用的手段，就是同事故意不告訴你最新消息或提供假情報，令你在緊要關頭措手不及。

譬如，你需要某些重要的資料方可以完成一項決策，而擁有這些資料的同事卻有意無意間把重要部分「忘記告訴你」，以致你的計劃難以完成，或因此而做出錯誤決策。又或者會議本來是後天開的，妒忌你的同事明知你趕不完計劃，卻突然不動聲色地和你上司商量提前到明天開會。使你的工作無法在開會前完成，給上司造成你懶散的印象。

另外，女性多數知道自己上司的意圖，而同事之間也時常閒談，也可從她們身上獲取很多資訊。不過要記住，若你已經是主管，有的女同事會妒忌你的地位而有意排斥你。若你工作表現突出，又處在相當高的職位，自然不希望惡性的謠言來傷害你，但如果你沒有上級的支持，那最好的方法就是在謠言未造成大害之前就使其難以存在。

記住，千萬不要「以其人之道，還治其人之身」，這不是上策。成功的正確途徑是靠自己的努力，而不是靠挑剔別人的失職。如果你所在的公司部門人事鬥爭太激烈，那就會影響你的工作，而且「明槍易躲，暗箭難防」，說不定什麼時候你就會中箭，所以提出調轉或辭職或許是你的明智選擇。

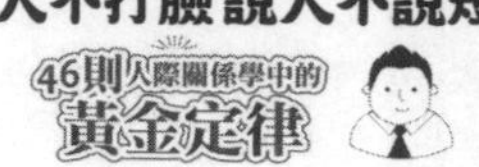

19

辦公室裡的助人為樂

同事之間少不了互相幫忙，你對這種事情應該採取什麼態度呢？應該有樂於幫忙的熱心，但也要有分寸。只要是人，都會有善、惡之分，但是在辦公室裡交朋友卻不可以如此任性，最好是一視同仁地與他們打交道。

同事之間要能同甘共苦。「今天如果不加班的話，工作是怎樣也趕不完的！」假如有一位同事一邊看手錶，一邊歎氣地說這些話時，你也許會說：「唉！真是夠辛苦啦！要不要我來幫你忙啊！」若能對他這麼說的話，那位加班同事的內心該會多麼感激啊！今天我幫你忙，明天也許變成你幫我忙了，這種情形在工作上也是經常發生的。但要注意的是，熱心不能太過，你是同事，不是管家婆。

李大姐非常重視同事間的交情，待人極其熱心：同事夫妻不和，她充當「和事佬」，講盡好話；同事的弟弟過了適婚年齡仍沒有女朋友，她知道後自動請纓當紅娘，把所有自己認識的未婚小姐都拉去介紹給他認識；同事要約會、要辦事，有未完成的工作往她桌上一放，她二話不說捲起袖子就幫忙……，她雖然是熱心助人，但卻常幫倒忙，同事們乾脆送了李大姐一個外號「管家婆」。而主管對她的做法也不太滿意，認為各人的工作就該各人自己做。

李大姐的問題就出在她沒有把握好「尺度」，她的幫助太氾濫，這樣「助人」自然就不會再有任何樂趣了，人家也不會對你有太多的感激。

工作認真、樂於助人的你，終日忙得團團轉。因為除了本身的工作，你還是「清道夫」，對其他同事的要求援手，一概接納。

但不妨檢討一下，這樣做，是否經常弄得你透不過氣來，甚至要超時工作，

如果達此程度，奉勸你應該重新估計自己的能力和態度了。

誰都需要休息，要是你沒有停下來喘息，對本身的工作肯定有壞處。其次，人是不能縱慣的，長久做「好人」，人家是不懂珍惜的，所以你應該學習拒絕。

當然不是叫你一反常態，只顧自己，而是請你預先分析一下，那一件工作需要花多少時間，自己的能力和精力又可以承受多少工作。若你確實有剩餘時間，不妨「擇人而助」，那就是研究一下哪種工作可以讓你學到新技巧，或在人際關係上有好處。否則，請婉轉地拒絕吧。

同事意欲另謀高就，且坦白向你要求做其介紹人。這位同事跟你頗為投契，甚至視你為「好友」，所以你總不應袖手旁觀。然而，在伸出援手之餘，請注意自己的身分。對工作不滿意的，是你的同事，不是你，所以，你是絕對不值得為此給自己的工作造成壞影響。即使插手，也得聰明點、理智點。

首先，同事仍服務於公司，你若給他介紹工作，等於跟公司作對，即使老闆不怪你，要是有人拿此做話柄，在背後中傷你，多少對你是不利的。如果剛巧確有份工作十分適合這同事，不妨考慮以下方法：請公司以外的第三者給同事做介紹人，就是兩全其美之策了。

當然，若同事已離開公司，即已不是你的同事，而是以朋友身分向你求助，你就可以放開手去協助他了。因為沒有了利害關係、同僚關係，許多問題都不會發生，你要伸出援手，對你和他都是有益無害了。

不知是什麼原因，你的同事竟然在公在私均十分依賴你。「沒有你，我真不知怎麼辦！」同事就常公開這樣表示。千萬別沾沾自喜，這絕不是一個好現象。試想，別人會怎樣想？以為你控制他別有妙法！何況，同事永遠不能「站起來」，對你或多或少是一種障礙，你倆會一起停留在原職位。你實在有必要終止同事處處依賴你的情況。

不妨婉轉和間接一些。例如對方要求你照例伸出援手時，可以打趣地說：「其實這件事很簡單，你一定可以應付自如的，被我的意見左右可能不妙。」這番話是間接在提醒他：必須獨立、自信。

總之，辦公室裡「助人」要因時、因事、因人制宜，而且熱心也要有度，這樣才能給你帶來樂趣，才能讓雙方都接受。

20 多個朋友多條路，多個敵人多堵牆

一個人在山路上行走，看見有個奇怪的東西擋在路上，便踢了一腳，沒想到那東西不但沒被踢走，還變得更大了。這個人更生氣了，一腳又一腳地踢過去，結果，那東西竟然大到擋住了路。

這時一個老者走了過來：「孩子，別再理它，趕快走你的路吧！它叫仇恨袋，你越想報復它，它便越大，你不理它，它自然就會變小了。」

俗話說：多個朋友多條路，多個敵人多堵牆。人人都明白這個道理，但是一旦別人做了對不起自己的事，你仍免不了耿耿於懷。看到這個人時，輕則如陌路相逢、視若無睹，重則似仇人相見、分外眼紅。其實世界上沒有永遠的敵人，報復心不利於人際關係，你應該放開仇恨，原諒你的敵人。

唐朝宰相陸贄，有職有權時，曾偏聽偏信，認為太常博士李吉甫結黨營私，便將其貶到明州做長史。不久，陸贄被罷相，貶到了明州附近的忠州當別駕。繼任宰相明知李、陸有私怨，便玩弄權術，特意提拔李吉甫為忠州刺史，讓他去當陸贄的頂頭上司，意在借刀殺人，透過李吉甫之手把陸贄除掉。

不想李吉甫不記舊怨，上任伊始，便主動與陸贄把酒結歡，使那位現任宰相借刀殺人之計成了泡影。對此，陸贄自然深受感動，他積極協助李吉甫把忠州治理得一天比一天好。

其實，怨怨相報，未必有什麼好處，報復之後又得到了什麼呢？而為一時意氣之爭，圖片刻之快，自己又失去了多少本該屬於自己的快樂和輕鬆啊！費盡心機去精謀細劃，絞盡腦汁來苦苦算計，最終換來的僅僅是別人的敵視與更深的怨恨。然後，你也不得不小心謹慎地生活，提心吊膽地過日子，生怕哪天一個不小心再被人給算計了，這樣的日子挺累的，不是嗎？

再說，你想報復人家，也未必能心想事成，鬧不好，落個「機關算盡太聰明，反誤了卿卿性命」，豈不是有點太不值了嗎？

所以應當學會用大度和寬容，去原諒敵人，這樣一來，你也就無需絞盡腦汁勞心傷神算計別人，也不需緊繃神經，防人算計；當然不再擔心自己得勝之時無人喝彩，也不用害怕陷入危難之機孤立無援；不會時時想著給別人絆倒，也不用處處擔心落入他人圈套。這樣處世豈不堂堂正正？這樣做人豈不輕輕鬆鬆？

李吉甫與陸贄走的正是一條大路，一條用寬容拓展開的光明大道。李吉甫不計前嫌、不搞報復，陸贄深受感動，以德報德。二人化敵為友，打破了不懷好意者「鷸蚌相爭，漁翁得利」的陰謀，把忠州治理得一天比一天好，他們的政聲也一天比一天高。他們在寬待別人的同時，也幫助了自己。

美國的幾個重要的選舉，雙方陣營之間相互攻訐，甚至敗壞對方的名聲，但仍可在對方所組內閣中擔任重要職務，對人性的協調不得不說是一種啟示。能夠與你成為敵對的人，必定有著與你能夠分庭抗禮的能力和實力，你能原諒你的敵人嗎？由林肯委任而居於高位的人，很多都是曾批評或者羞辱過他的人。

可是，如果你用報復和仇視對待對方，你會招致一個什麼樣的局面呢？它將使你的敵手更堅定地站在你的對面，去阻撓、破壞你的行動，破壞你創造的一切成果。而你，也會因為心中充斥報復的憤怒無暇他顧，你的理想和目標又如何能實現呢？

「如果有可能的話，不應該對任何人有怨恨的心理。」德國哲學家叔本華如此說。如果我們沒有了寬容的心態，有怨必報，有仇必雪，那我們便給自己樹起了眾多的敵人。當我們回首往事時，也許昔日那些讓我們最仇視、最痛恨的人，恰恰是我們最懷念的人：那個對我責之甚厲的老師，那個與我競爭甚烈的同學，那個對我橫加指責的上司，那個揪著我的毛病不放的同事……，正是他們，使我

們的人格得到改變，更加發奮圖強。如果我們把目光放遠一點，也許就能想到，今天那些最讓我們痛恨的人，也許就是那些將來最讓我們懷念的人，這樣一來，就能恨意頓消和他們「相逢一笑泯恩仇」！

在一笑泯恩仇的同時也將發現：我們不僅僅拆除了一堵牆，更重要的是，又為自己開闢了一條新路，人生的道路則會越走越亮越寬闊。

「原諒敵人」絕對不是軟弱的行為，而是聰慧大度的表現，一個人想在社會上吃得開，就要學會化敵為友，學會求同存異，這樣才能擴大交際面，廣泛進行合作，而更重要的是，大肚能容天下人，進退自如，正是你成就大事業的本錢。

Part

4

人際關係中不要走的獨木橋

人際關係中，既有「陽關大道」，也有許許多多的「獨木橋」，有的人在人際關係中表現差勁：胡言亂語、自以為是、沒有分寸……這都是在把自己往「獨木橋」上推，這樣做必然導致摩擦矛盾，即使本領再高強，也難免落得個眾叛親離。所以千萬不要走上這根步步艱難、處處碰壁的「獨木橋」。

21 有幾分把握說幾分話

人與人之間的交往既需要十分誠實，更需要言而有信、言行一致，如果只會說大話，開空頭支票，卻不履行自己的承諾，這樣的人一定會受到人們的唾棄和鄙視。

若上司許下諾言後無法兌現，將不利於在下屬面前樹立一個良好的形象，進而導致上下級之間溝通的失敗。

某公司的田處長是出了名的空頭支票機，只會許諾，不會兌現。

前不久，公司新派來一個小張，電腦科系畢業的，田處長一大早就把他叫到了辦公室，笑眯眯地說：「小陳啊！我看了你的履歷，很好，以後啊，咱們公司的電腦就交給你負責了，出了什麼故障你就檢查，需要升級什麼的你就看著辦！有前途啊，我最喜歡有專長的人才了！」

小張內心一陣激動：「田處長，您放心，我一定好好表現！」

幾天之內，小張天天加班，把公司的幾台電腦大整修了一遍，田處長高興地說：「小陳啊，我不會委屈人才，忙過了這一段，我就一定要提拔你！」

小張樂得天天「跟」著處長，甚至還跑到處長家裡教處長兒子學電腦，公司裡的同事看到小張這麼賣力，卻只是暗暗搖頭。

一個月、兩個月、三個月……田處長的「提拔」還是沒消息，實在忍不住了，小張跑去問田處長，他支吾以對：「這個嘛，我還得再研究一下！」

小張心裡真是又急又氣。同事老張拍著小張肩膀說：「認了吧！田處長的話不能信，四年前他就說提拔我當科長，我現在還是個小科員！」

不久後，處裡的工做出現了個大紕漏，田處長急得跳腳，可還是沒有人願意幫他，最後他被降職外調了，大家樂的直鼓掌：「空頭支票機總算走了！」

有一種失敗的主管，是最不受人同情的，那就是把大家當阿斗，隨意哄騙。用得著大家時，又是許願又是承諾，好話堆滿一籮筐，說得大家紛紛為此效命；而當用不著時，極盡委蛇之能事，記性也不好了，以前說過的全忘了。這樣的主管失去了群眾基礎，失去了人心，一旦遇到什麼工作失誤或是錯誤，立刻就會牆倒眾人推，無可挽回地一敗塗地。因此當主管的一定要一諾千金，這樣在與下屬打交道時才會成功。

有些人口頭上對任何事都「沒問題」、「一句話，包在我身上」，一口承諾；可是，嘴上承諾，腦中遺忘，或腦中雖未遺忘，但沒有盡力，辦到了就吹噓，辦不到就噤若寒蟬。這種把承諾視作兒戲，是對朋友的不負責行為，要不得，遲早得為人所拋棄。

輕易對別人許諾，說明你根本就沒考慮所辦之事可能遇到的種種困難。這樣，困難一來，你就只能乾瞪眼，還給人留下了「不守信用」的印象。許諾越多，問題越多。所以，「輕諾」是必然「寡信」的。

有許多諾言是否能兌現得了，不只是決定於主觀的努力，還有一個客觀條件的因素。有些照正常的情況是可以辦到的事，後來因為客觀條件起了變化，一時辦不到，這是常有的事。因此，不要輕率許諾，許諾時不要斬釘截鐵地拍胸脯，應留一定的餘地。當然，這種留有餘地是為了不使對方從希望的高峰墜入失望的深谷，而不是給自己不做努力埋契機。

如果沒有把握，就不要向人許諾。迫不得已時，就要實事求是，有幾分把握說幾分話，這樣對方才會信任你，把你當成靠得住的人。

22

即便你真比人聰明，也不必張揚

一個人若是無鋒芒，那就是提不起來，所以有鋒芒是好事；但如果鋒芒太露，那就會刺傷別人，這樣的人自然也就沒什麼好人緣。沒人緣可不是小問題，它會直接影響到你人際關係的成敗。

所以，與人交往時既不要全無鋒芒，也不要鋒芒畢露，最好是在二者中間找一個平衡點。

凡事都有兩面，即好的一面和不好的一面。同一件事，若從好的方面去理解，便是一件好事；但若從不好的一面去理解，便是一件壞事。人緣的作用正在於此，它有時可以讓壞的變好，但同時也可以讓好的變壞。

假如你人緣好，那麼你每做一件事，別人都會津津樂道，即使你做錯了事，冒犯了別人，別人也會善意理解你的過錯。生活在如此寬鬆和諧的環境裡，你心理沒有負擔，處處可以盡情盡興。

如果你人緣不好，那麼你每做一件事別人都會雞蛋裡挑骨頭，更不要說做錯事、冒犯別人，即使你處處謹慎小心，事事正確，別人也會不以為然，不正眼看你。

生活在如此冷漠的環境裡，你會覺得自己是一個多餘的人，不要談什麼歡樂和幸福了。好人緣的人腳下的路有千萬條，反之，便只剩下一座獨木橋了。而要想有個好人緣，就不要鋒芒畢露、咄咄逼人。

很多時候，我們面對的不一定是太是太非的原則問題，沒必要針鋒相對。退一步別人過去了，自己也可以順利通過。寬鬆和諧的人際關係，可以給我們帶來很多方便，又避免了許多麻煩。

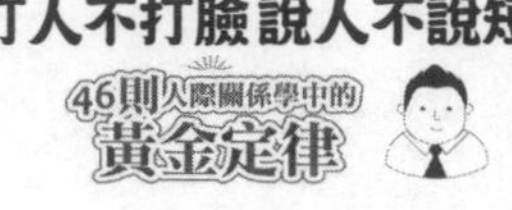

假如你胸懷鴻鵠之志，可以一心一意去積蓄力量；假如你只想做普通人，鋒芒畢露，處處表現自己，是一件很危險的事。可以活得從從容容，逍遙自在，可進可退，兩頭是路，何樂而不為？

或許你會覺得這樣做過於世故，過於圓滑了吧？其實不然，收斂實際上是保護自己、成功實現自我價值的一條捷徑。

有多少人由於年輕氣盛，愛出風頭而處處碰壁，為了適應社會，不得不磨平稜角，令銳氣殆盡。

有句話不是說「好刀出在刃上」嗎？一個人的鋒芒也應該在關鍵時候、必要的時候展露給眾人，那時人們自然會承認你確實是一把鋒利的寶刀。而不是不時地拿出來揮舞一番，直殺得別人片甲不留方才甘心。

刀刃需要長期的磨礪，只圖一時之快，不懂保養，只會令其鈍化。

大文豪蕭伯納贏得很多人的尊敬和仰慕。據說他從小就很聰明，且言語幽默，但是年輕時的他特別喜歡展露鋒芒，說話也尖酸刻薄，誰要是給他說一句話，便會有體無完膚的報復後果。

後來，一位老朋友私下對他說：「你現在常常出語幽人之默，非常風趣可喜，但是大家都覺得，如果你不在場，他們會更快樂，因為他們比不上你，有你在，大家便不敢開口了。你的才幹確實比他們略勝一籌，但這麼一來，朋友將逐漸離開你，這對你又有什麼益處呢？」

老朋友的這番話使蕭伯納如夢初醒，他感到如果不收斂鋒芒，徹底改過，社會將不再接納他，又何止是失去朋友呢？所以他立下心願，從此以後，再也不講尖酸的話了，要把聰明發揮在文學上，這一轉變造就了他後來在文壇上的地位。

這個例子告訴我們，平時就鋒芒畢露會使我們眾叛親離，走進死胡同，而適當地收斂鋒芒，將才華用到有用的大事上，積蓄力量，必然會做出一番事業來。與「鋒芒畢露」相對，我們提倡「沉默是金」的處世哲學。

一些年輕人到了新公司後，就不分場合地大發議論，大有「初生之犢不怕虎」的精神，但是這種鋒芒畢露很可能會使比較主觀的主管和同事覺得你傲慢、偏激而產生對你的不良印象。你不如保持適當的沉默，這是謙虛友好的表示，也是一種自信和力量的展現，將你的鋒芒在工作中顯露，以出色的工作成績和謙遜的作風贏得聲譽。

與人交往應當含而不露，即便你真比人聰明，也不必張揚，收斂鋒芒、韜光養晦，你才能適應複雜的人際關係，才會有個好人緣。

23 不要隨便指責他人

與人交往中，我們常常易犯隨便指責別人的錯誤。「唉呀，你做的不對！」「怎麼連這點小事也辦不好！」像這樣的指責，在生活中隨處都可以聽到，然而隨便指責別人並非是什麼好事，它會給你的人際關係帶來嚴重阻礙。

有一位先生，喜歡跟別人爭辯，藉以賣弄自己的學識，如果你不跟他爭辯，他倒也不會來麻煩你、傷害你。這位先生，是一個很好的人，忠實、不說謊、不偽裝，也從來不投機取巧，不做一點虧心事，更不占別人便宜。但是像這樣一個好人，怎麼會不受別人歡迎呢？

原來，他過分看重了自己，以為自己是個十全十美的人，以為人人都應該以他為模範、為導師。因此，他喜歡隨時隨地地去教訓別人、指導別人。看見別人有一點點缺點，就加以批評、指責，像大人管小孩、老師對學生一樣，擺出一副道貌岸然，神聖不可侵犯的神態。甚至常常有意地誇大別人的缺點，把別人的一時疏忽或無心的過失，說成是存心不良或者行為不端。

同時他又無法容忍別人對他有什麼不恭敬、不忠實之處。如果他吃了別人一點虧或受了別人一點點欺騙，那他就把對方當作罪大惡極、無恥之極的人加以攻擊、嘲笑、諷刺或漫罵不已。

只要想一下就可以知道這種人是多麼地令人可怕，到處都會激起別人的憎惡與反感。一個人對自己要求嚴格，不做一點錯事，這自然是十分正確的事。但不要因此就把自己看得太高，以自己的標準來要求別人，以為別人都是笨蛋，只有自己才是聖人。

對別人的過失與錯誤，首先要分析他們犯錯的原因，可能是受到惡劣環境的影響，可能是因為他們自己認識不清，也可能只是一時疏忽，有時還可能因為求好反而犯了錯誤，主觀上求好，而客觀上犯了錯誤。

除了一些真正與人為敵的社會敗類，應該群起而攻之外，大多數人所犯的錯誤都是可以原諒，也都是可以改正的。我們應該抱著與人為善的態度，對別人的錯誤，在不傷別人自尊心的原則下，誠懇而婉轉地加以解釋與勸導，安慰他們的苦惱，鼓勵他們改正，這樣做，對於改善你的人際關係更有效。

一八六三年，蓋茨堡戰役開始了，七月四日晚上，李將軍開始向南方潰退。李將軍帶著敗兵逃到波多馬克河邊，面對前方高漲的河水與後方追擊的政府軍，李將軍進退維谷，他們此刻已成甕中之鱉。此役只要徹底擊潰李將軍的殘餘軍隊，內戰很快就可以結束。

對此天賜良機，林肯信心十足地用電報命令維得將軍：「立刻出擊，不用通知召開緊急軍事會議。」隨即又另派特使督促維得馬上行動。

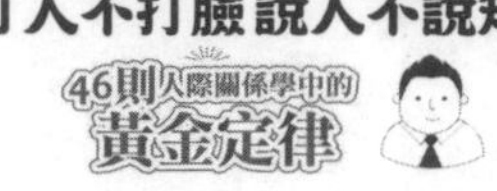

而維得將軍呢？他完全違背林肯的命令，先行通知召開緊急軍事會議。而後又遲疑不決，一拖再拖。最後，水退了，李將軍帶領軍隊越過波多馬克河逃走了。

林肯聞知此事，勃然大怒，在失望、痛苦之餘，林肯坐下來給維得寫了一封信。信的內容展現了林肯內心的極大不滿：

親愛的將軍：

我相信你能懂得因李將軍逃走一事所導致的嚴重後果。他本來在我們的掌握之中，而且，只要他一就擒，加上我們最近獲得的勝利，戰爭即可結束。現在，戰爭可能會無限期地持續下去，上星期你無法順利擒得李將軍，如今他逃到波多馬克河以南，你又如何能保證成功呢？我無法期望你改變形勢，而我也並不期盼你現在會做得更好。良機已經失去，我實在感到無比的悲痛。

林肯在寫完這封信之後，心裡又產生了別的想法：無論如何，大錯已經鑄成，把這封信寄出，除了讓自己一時覺得痛快以外，沒有別的用處。維得會為自己辯解，會反過來攻擊自己，這只有使大家都不愉快，甚至危及他的前途，以致於迫使他離開軍隊而已。

此時，如果說有人最有資格批評人的話，那個人就是林肯，可是，他卻沒有那麼做。慘痛的教訓告訴他：尖銳的批評和惡狠狠的責備，所得的效果都等於零。

於是，這封信沒有被寄出，它被永遠的收藏了起來。

試想，如果維得將軍拜讀了此信之後，會有何感想？又會有什麼反應呢？如果你希望激起一種反抗，使人痛恨數年或至死難忘，那你就可以試試對人發表一些尖酸刻薄的批評，這樣你的願望就可以輕易實現了。

指責別人是一種能破壞人際關係的強力炸藥，所以遇到問題時，讓我們儘量站在他人的角度上思考，少一點責備，多一點理解，這樣做對你更有好處。

24

從容應對惹厭的人

生活和工作中，我們都難免會碰到一些無事生非的人、嫉賢妒能的人、散播謠言的人、虛偽陰險的人等等。和這些人應該如何相處呢？

也許你確實是與人為善，但是你的善未必能換回來善，需知任何創造性都是在客觀上對於平庸的挑戰，任何機敏和智慧都在反襯著愚蠢和蠻橫，任何好心好意都在客觀上揭露著、為難著心懷叵測；而任何大公無私都好像是故意出小鼻子小眼睛人的洋相。

在工作中，你做得越好，就越會有同事痛恨你，這是不能不正視的現實問題。

一般人碰到用心險惡的人會有四種辦法來對付：

一、以痛恨對惡

杜麗美上班不到一個月，就和公司裡的幾個女同事結下了仇：處長的小姨子仗勢欺人、出納趙子欣尖酸刻薄、對桌同事陰險狡詐、打字員朱雪挑撥離間……總之，公司裡沒幾個好人。男朋友勸她多忍讓一點，有話好好說，反被杜麗美罵了一頓，她決定給那幾個女人點厲害，讓她們知道自己不是好欺負的。

從那以後，杜麗美就開始每天跟她們吵，跟她們罵，向主管打小報告，跟同事告密……，一段時間下來，雖然杜麗美也吃了不少暗虧，但幾個同事的氣焰也給壓下來不少。

杜麗美洋洋得意，沒想到男朋友卻提出了分手。

他說：「看看妳現在的樣子，和那幾個女人有什麼區別，滿腦子就想著怎麼算計別人，我再也受不了妳了。」這樣的結果讓杜麗美很傷心，她明明只是想為自己討個公道啊！

以為自己是清白的天使，以為周圍的一切人是魔鬼和惡棍，於是整天咬牙切齒，苦大仇深，氣迷心竅，不可終日，這是不可取的，因為這第一是神經病，第二是以惡對惡，本身就已經惡了，本身就已經與他或她心目中的魔鬼惡棍又有何兩樣呢？

二、以疑對惡

嘀嘀咕咕，遮遮掩掩，患得患失，猶豫不決，生怕吃虧上當，總覺得四面楚歌。結果可能你少吃了兩次虧，但更失掉了許多朋友和機會，失掉了大度和信心，失掉了本來有所作為的可能。

三、大言對惡

煽情對惡，以悲情對惡，言必稱險惡，言必罵世人皆惡我獨善，世人皆濁我獨清。目前有一種說法很流行，說是知識份子的使命在於批判。這個提法對於生活在西方發達國家的知識份子尤為正確，因為他們的環境裡成為主流的可能是自滿自足，是物質享受，是相對或暫時的平穩。

四、消極對惡

不反抗、無作為，只懂得自怨自艾，這就是所謂的消極。

張耿軍是個出名的老好人，不過為了這個脾氣也多受了不少氣。這輩子張耿軍最恨的就是女經理李艷如，最難的業務，她一定會派給張耿軍跑；跑熟的業務，李艷如一定會要他交給新手；有什麼好事一定輪不到張耿軍，加班、緊急出差這些事，張耿軍沒有一次逃得掉。

「真他媽的李艷如呀！我這一輩子就栽在她手上了！」張耿軍每天都要這樣跟老婆、孩子、親戚朋友抱怨，「上次，不是她硬扛，業務經理就是我的了！」「今天，她又給我安排了個『好工作』……」

久而久之，大家對他的抱怨都厭煩極了，他剛一開頭，大家就全散了，每個人都說：「老張這人是不錯，但就是太愛發牢騷！」

生活中有不少這樣的人，一輩子嘮嘮叨叨，訴不完的苦，生不完的氣，發不完的牢騷，埋怨不完的「客觀」，到了生命的最後一息了，這個人已經是一事無成的定局了，還在那裡怨天尤人呢！

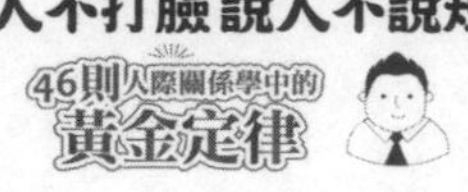

那麼，我們能不能做到，保持乾淨更保持穩定，保持操守更保持好心情，保持正義感更保持理性，保持有所不為、有所不信更保持與人為善呢？許多時候，你的絕大多數同事還是好的，至少是正常的。而多數情況下，絕大多數人，他們對待你的態度取決於你對他們的態度。

說到別人的毛病，不見得一定比你多，但無論如何，我們可以努力做到使自己變成一個和善安定的因素、團結的因素、文明的因素，而不是相反；我們可以努力做到心平氣和，冷靜理智，謙恭有禮，助人為樂，而不是相反的急火攻心，暴躁偏執，盛氣凌人，四面樹敵。甚至對那些或某一個對你確實是心懷敵意乃至已經不擇手段地傷害你的同事，你也可以反躬自問，自己有什麼問題？有什麼使他或她受到傷害的記錄？有沒有可能消除誤解化「敵」為友？還要設身處地想想對方是否也有情可原。

從長遠看，一切個人的嫉恨怨毒，一切鼓譟生事，一切流言蜚語也好，在一個大氣候相對穩定的形勢下，作用十分有限，可能發揮的是反作用。你見怪不怪，其怪自敗，大可以正常動作，平穩反應，保持良好心態，不受干擾，讓各種事務按部就班地進行。

俗話說：「一個巴掌拍不響」。對於討厭的人，你不要理他，讓他一個人折騰，估計他很快就會覺得沒趣。但如果對方鬧個沒完沒了，那你就要找個有利時機，狠狠地回擊，讓他收斂，這也就夠了。

25

只顧表現自己

人際關係中，你不能只顧著表現自己，不顧及別人，否則無論你走到哪裡也不會受到歡迎。有的人說話不顧及別人的態度與想法，只是一個人滔滔不絕，說個沒完沒了，講到高興之處，更是眉飛色舞，你一插嘴，立刻就會被打斷。這樣的人，還是大有人在的。

小李就是這樣一個人，只要他一打開話匣子，就很難止住。跟他在一起，你就要不情願地當個聽眾。他甚至可以從上午講到下午，連一句重複的話都沒有，真不知道他的話都是從哪兒來的。每次他找人閒聊，大家都躲得遠遠的，因為和他在一起實在很無聊。

人與人交往，重要的是雙方的溝通和交流。在整個談話過程中，若只有一個人在說，就不容易與對方產生共鳴，這樣就達不到溝通和交流的效果。就是說，交談中要給他人說話的機會，一味地嘮叨不停就會使人不願意與你交談。

每個人對事物的看法各不相同，如果你在與他人交往的過程中，把自己的觀點強加給別人，就會引起他人的不滿。其實，每個人由於生活經歷不同，對事物的認識也會不盡相同，各持己見也是正常的現象。但是當他人提出不同意見時，就斷然否定，把自己的觀點強加給別人，這樣必定會給人留下狹隘偏激的印象，使交談無法進行下去，甚至不歡而散。

當你與他人交談時，應該顧及對方的感受，以寬容為懷，即使他人的觀點不正確，也要堅持與對方共同探討。

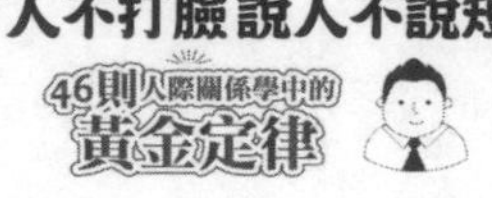

林楓凡是某大學外國語學院的學生會會長，一表人才，能言善辯，口才極佳。但他有一個特點，凡事爭強好勝，常因為一些問題的看法與別人爭得面紅耳赤，非得爭個輸贏出來才肯甘休。總認為自己說的話有道理，別人說的話沒道理。別人的看法和觀點，常常被他駁得一無是處。

大家討論什麼問題時，只要他在場，就會疾言厲色，一會兒反駁這個，一會兒又批評那個，好像只有他一個人是正確的，別人都不如他。如果不把死的說活，活的說成仙，就不會善罷干休。就這樣，常常會把氣氛弄得很緊張，最後大家只好不歡而散。

還有的人，十分熱衷於突出自己，與他人交往時，總愛談一些自己感到榮耀的事情，而不在意對方的感受。

林女士就是這樣一個人，不論誰到她家去，椅子還沒有坐熱，就把她家值得炫耀的事情一件一件地向你說，說話的表情還是一副十分得意的樣子。

一位老同學的丈夫被公司減薪，經濟上有點困難，林女士知道了，非但沒有安慰人家，反而對這位同學說：「我家老頭子每月薪水八萬元，我們家花也花不完。」她女兒給她買了一件漂亮的衣服，因為很貴，她就跑到人家那裡去炫耀：「這是我女兒在香港給我買的衣服，猜一猜多少錢？一萬八呢。」說完很得意的表情，意思是：「怎麼樣，你買不起吧。」

表現自己，雖然說是人的共同心理，但如果只是一味熱衷於表現自己，輕視他人，對他人不屑一顧，這樣很容易給人造成自吹自擂的不良印象。

丁洛寧剛調到公司的時候，為了讓別人儘快地瞭解他，給別人留下深刻的印象，處處表現自己。本來是主管已經知道的事情，他偏偏要去積極地彙報。在同事面前，天天都說自己有學問、有能力，說以前在某某公司時，自己幹得多麼出色，在上大學的時候，成績是多麼的好，老師多麼器重他，同學們多麼佩服他。

剛開始，大家還認真地聽他說，後來，大家對於他的表現都十分反感，覺得

他太愛表現自己了。一次，主管問大家：「有一項工作，誰能夠勝任？」他一看機會來了，就搶先向主管說：「我可以。」弄得大家心裡面都不太痛快。其實，他根本就沒有把握，可是為了表現自己，就打腫臉充胖子的攬了下來。

但接下來，他可就有苦說不出了，自己對這件工作真的是沒有把握，做好做壞，自己心裡一點底也沒有。看得出來，他有向同事求救的想法，可是大家心裡暗笑，沒有一個人要幫他。有一位同事說：「沒那金剛鑽，別攬瓷器活啊。」逗得大家哈哈大笑，他也只好一臉的苦笑。

後來，這項工作他沒有按時完成，主管非常生氣，數落了他一番。一位同事對他說：「你也該受到教訓了，以後還是踏踏實實地工作吧！」說得他不斷地點頭承認錯誤。

一個人，在與別人相處和交往的時候，要多注意別人的心理感受。只有抓住了別人的心理，才能真正贏得別人的讚賞與好感。如果你只顧表現自己，在人前搶出風頭，不給別人表現的機會，那就會受到忌恨，在人際關係中陷入尷尬境地。

26 話到嘴邊留三分

人際關係中，一些人說話從不經過大腦，想到什麼就說什麼，這些話常常是不恰當的、有失分寸的。結果不知不覺中就得罪了人。

宋光遠心地善良，樂於幫助人，可是，他卻沒有能夠贏得別人的好感，為什麼呢？原因是他說話經常得罪人。一次，他熱心地為一個男同事介紹對象，他說：

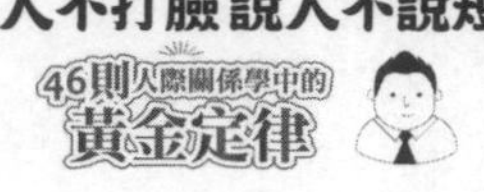

「這個女孩，個子長得高，而且也很漂亮，你去見見，我看你們倆挺合適的。」

同事很感興趣，就向他詢問了這個女孩的狀況。當時聽他介紹完以後，同事覺得這個女孩條件不太適合自己，但同事還不好意思對他直說，就委婉地對他說：「我現在很忙，暫時還不想交朋友，等以後再說吧！」

他聽同事這樣說，知道同事不喜歡，就一副不高興的樣子說：「你有什麼了不起呀，這也不行，那也不行，你還想找什麼樣的？你真是太狂了。」

同事一聽這話，當時就生氣地說：「我現在就是不想交朋友，你操哪門子心呀！不同意，就是不同意，要是真的那麼好，你自己交就算了，反正你也沒有對象。」

其實，他為朋友介紹對象，不管成不成功，同事都應該好好地感謝他才對，可是由於他說話出口傷人，引起了同事的不滿，才對他以牙還牙的。本來是一件好事情，他沒有把握好分寸，反而得罪了人，真是「費力不討好」。現實生活中，像他這樣的人大有人在。

一個女孩想要到台北去闖一闖，臨行前，去探望一個以前十分要好的朋友。當朋友得知她要到台北發展時，不但沒有鼓勵她，反而嘲笑她說：「妳在這個小地方還沒混出個名堂來，就要到台北去發展？那是什麼地方？！走到街上迎面遇到三個人，兩個大學生，一個博士！高中生到那裡怎麼混啊！我看比妳強的人，出去的也沒幾個發展好的，我看妳還是好好想一想吧！作為朋友我提醒妳，要看清自己有多大本事。」

女孩聽了這話，很生氣的起身離開了朋友家。在她腦海裡，始終記著朋友這些話。

作為朋友，在這個時候即使不說鼓勵的話，也不應該潑冷水，這會傷害朋友的自尊心，影響日後的友誼。

其實，像他們這樣的人，個性並不壞，壞就壞在沒有掌握說話的分寸。除非他們不說話，只要一開口，就得罪人，久而久之，人們真是從心底不願與這樣的人來往。

在與人交往中，要不得罪人，就要注意說話的分寸，多站在他人的立場上考慮問題，為他人著想，儘量不要觸怒了對方，這不利於自己人際關係的品質。同樣是一句話，在不同的場合，所起的作用完全不同。一個在人際關係場中遊刃有餘的人，深知在不同的場合，哪些話該說，哪些話不該說。

小雪幾個月前交了個男友，男朋友的條件非常好：家在本地，有房有車，人品長相都不錯。同事們都十分羨慕她，說她找了一個好對象，紛紛祝賀她。可是有一個同事卻說：「妳條件也不太好啊，怎麼偏偏找了一個條件這麼好的？是不是這個人有什麼毛病？」本來是很愉快的心情，被她這突如其來的話就給破壞了。

一個同事趕緊打圓場說：「妳怎麼能這麼說人家呢？小雪條件也不差呀，皮膚又好，個性又好，單憑這一點，什麼樣的對象找不著啊！」

那個潑冷水的同事知道自己說錯了話，不好意思地說：「我不是那個意思，真的，小雪，妳可別誤會。我覺得你男朋友條件太好了，與妳家條件太懸殊了，我只是覺得有點不可思議。」

小雪很生氣：「妳說來說去，還是在貶低我，怎麼啦，我家條件是沒有他家好，那又怎麼樣？他就是看上我了，有什麼奇怪的！少見多怪，我看妳才是有毛病呢！」

這個潑冷水的同事，其實也沒有什麼惡意，就是不知道說話的分寸。不知道哪些話該說，哪些話不該說，這麼幾句話，就把人給得罪了。假如她真的這麼認為，也不該說出來，心裡知道就行了，她要是不說話，誰也沒有把她當啞巴看，何必說出來，惹得人家不高興呢？鬧得給自己沒有台階下。

與人交往時，說話一定要有分寸，少說別人不愛聽的話，以免觸怒對方，影響兩人關係。為了贏得別人的好感，就要注意別人的心理需求，多為對方考慮。

27

是非只因開口多

人際關係中，人們最討厭的莫過於說別人閒話、搬弄是非的人了。說別人閒話的做法是最不可取的，閒話說多了，必然會引起不必要的麻煩。

小黃是某公司的重要幹部，以前，主管十分看重他，公司裡有什麼重要工作都由他來做，可是自從公司調來個新同事，他的日子就沒有那麼好過了。這個新調來的同事，可不是一個省油的燈，天天與主管套關係，沒事的時候，就往主管的辦公室跑，東拉西扯地與主管說個沒完沒了。而且還時常幫主管做一些私事，因此，主管對他格外看重，他說的話，主管都很重視。

但是令小黃不解的是：這個新來的同事處處與他作對，他們倆無冤無仇，幹嘛與自己過不去呢？

一天，小黃的工作做完了，想找主管報告一下，就去主管辦公室，可是當他走到辦公室門外時，就聽到這個新來的同事在說自己的壞話：「小黃的人品還是不錯，可是他的工作太粗心了，業務也不精。」

小黃心想：「原來他在打我的小報告，這個傢伙，真不是個東西，竟然是這種小人，為了抬高自己就貶低別人。」

其實，這個新同事的業務根本就不行，可是沒想到還背地打小報告，說別人閒話。小黃沒有進去，聽完了轉身回到自己的辦公室。

但自從那次被打完小報告以後，主管對小黃就不如以前那樣器重了，而公司很多是非都是在閒聊中傳開。漸漸地，公司裡很多人都知道了這個新同事的為人，都對他十分不滿，可是又惹不起他。主管非常信任他，並處處維護他，所以他過得很是得意。

後來，小黃公司人事發生變動，又來了一位新主管，這個新主管很有魄力，上任以後，大刀闊斧地進行改革。在組織重組時，按照公司的規定，如果哪個組織都不要的人，只能走路。由於這個新同事平時愛打別人的小報告，說別人的閒話，一點人緣都沒有，所以每個部門都不要他。最後，他只好灰頭土臉地走路了。

打小報告的結果只有一個——引起對方的懷恨。有的人會立即反撲，有的則「君子報仇，十年不晚」，至少你和對方已有了嫌隙。當然，如果對方不知是你所為則另當別論，但要做到人不知鬼不覺談何容易。

沒有人願意與一個愛說閒話的人交往，因為他瞭解你越多，他給你造的閒話就越多。這樣的人，好比是一顆定時炸彈，和他在一起交往，隨時都有被炸傷的危險。

人際關係的一個重要原則就是：不惹口舌是非，別人走運，不管你心理感受如何，都不要因為嫉妒而傳人閒話，因為這樣做是最愚蠢的——你什麼也沒得到，卻得罪了不少人。「是非只因開口多」，今天道東家長，明天說西家短，這種人沒有不會遭到報應的，謹言慎語是一種修養，一種水準，一種智慧。

28 千萬別做榴槤

有些人就像榴槤一樣，本質內裡很好，但光看外表卻讓人望而卻步。這主要是因為他們在交際中不注重細節，因而讓人難以接受。

某公司新來了兩名小姐，一位是狂野型的，姓歐，一位是斯文型的，姓楊。兩人都在試用期，但最後只能留下一個。

歐小姐是時尚女性，打扮得非常新潮，熱褲吊帶背心、涼鞋，什麼都敢穿進辦公室，頭髮幾天染一個顏色，前衛的妝扮，叮叮噹噹的飾品，走到哪裡都要吸引一大串目光。而另一位楊小姐，恰恰相反，每天都是一套中規中矩的套裝，簡直乏善可陳。

有一天，大家正在上班，突然聞到一股怪味，大家找來找去才發現都是一包海鮮惹的禍，問到底是誰把海鮮帶到公司來了？歐小姐大聲笑著說：「是我的，晚上要吃，所以中午就買回來放著！」大家沒說什麼，可是那天下午大家工作時都很不開心！三個月到了，兩個人的工作表現都不錯，但最後還是選楊小姐留下，因為她和同事相處得比較和諧，而歐小姐已經成了同事眼中的「公害」。

有些人在與他人來往時，不注意交際中的細節問題，言談舉止隨隨便便，還美其名曰：不拘小節。其實這是一種錯誤的想法，交際中的舉手投足都是判斷一個人品行的標準，若是你像歐小姐那樣不注重細節，那你的形象和人際關係就將受到影響。

有一個人，對別人特別熱心，誰家要是有什麼事，他都會幫一把。可是他有一個毛病，就是不注重細節。如果誰家正在吃飯，正巧讓他趕上了，沒等人讓他吃，他會馬上坐到飯桌前，喝酒吃飯，毫不客氣。

一開始，由於大家對他印象好，誰也沒有放在心上，可是時間長了，就對他產生了看法，認為這個人也太隨便了，雖然人是好人，可是這一點卻讓人無法忍受。

有一次，鄰居家正在吃午飯，他一進屋便說：「好香啊！我看一看做的是什麼菜？唷！是魚香肉絲啊！今天我有口福了。」

說完，他找了一個椅子坐下，等著吃飯。這一吃不要緊，從下午兩點多一直吃到晚上八點多，一邊吃一邊聊天，天南海北，無所不談。

吃了一下午，他也不覺得累，菜涼了，他說：「再加熱一下。」等熱完了，再接著吃，沒完沒了，實在無法讓人忍受。可是誰也不好意思對他說出來，平常鄰里關係都不錯，如果不讓他吃，那讓人家多沒面子，以後怎麼相處啊！

又有一天，他又去鄰居家做客，鄰居的孩子放學回來了就對母親說：「我都餓了。」母親說：「再等一會兒，等客人走了再吃吧。」可是又過了好久，他還沒有要走的意思。孩子急了，走到屋裡，假裝打瞌睡。他這才想到要告辭，等他走了，大家歎了口長氣。

後來，只要他在人家吃飯的時候來，人家就趕緊收拾桌子，說：「你來的真是不巧，我們都吃完了。」就這樣把他拒絕了。

在人際關係中，一些細節問題雖然看起來不起眼，但是也不能忽視。不然，就會影響到你與人相處。生活中，這種人還真不少，他們不注意別人的心理感受，認為彼此之間都是熟人、朋友，可以無話不談，做事不必那麼認真，別人也不會對自己有什麼看法。其實，這是一種錯誤的想法。不注重細節的人在交際場合並不受人歡迎，常常會遭到他人的反感與不滿。

人際關係中，常常是在細枝末節上展現出一個人的品格與修養。如果你不注意這些細節，在人際關係中就會受到別人的排斥，即使你再熱情、再善良，你的人際關係還是不會成功。

Part 5

冷靜從容的人際關係

人際關係的準則「健康的心理態度」是獲得人際關係成功的條件之一。

人際關係通常十分複雜，你可能會遇到各式各樣的人際關係問題，如果沒有良好的心理觀念，你就無法適應這一詭譎多變的人際現象。

29 別做被情緒控制的傀儡

古羅馬塞涅卡說：「抑制自己免於憤怒最好的辦法是：當別人憤怒時，你就冷靜觀察，那是怎樣的一副德性。」

一個人的情緒難免時好時壞，但無論如何，你都不能把自己的情緒帶到人際關係的活動中。要想適應不同的人際關係對象，首先，你就必須先學會：「能夠控制自己的情緒」。

「學會控制自己的情感、自己的行動」在人際關係中扮演重要的關鍵因素。在門被砰然地關上、玻璃杯被砸碎、一陣咆哮聲以後、在被人無情地冒犯之時、當我們在工作時犯了一些不該犯的錯誤之時，我們的情緒是如何呢？你是否會動輒勃然大怒？

你可能會認為，「發怒」是自己生活的一部分，但是你是否知道，這種情緒反應根本就無濟於事？也許，你會為自己的暴躁脾氣辯護：「人嘛，難免總會發火、生氣的。」或者是：「要是不把肚子裡的火發出來，一定會悶出憂鬱症的。」但儘管如此，「憤怒」這個習慣行為可能連你自己也不喜歡，更別說其他人了。

跟其他所有情感一樣，「憤怒」是你思維活動的一個結果。它並不是無緣無故地產生的。當你遇到不如意的事情時，就認為事情不應該是這樣的，這時開始感到灰心，接著便是一連串衝動的動作，這就是憤怒之後的結果，可能是衝動的行為，也可能是口不擇言的言論。這是很危險的反應，對你來說，它並沒有什麼好結果可言。

這種痛苦的感受，只會侵蝕掉我們的自尊。我們也許會在早上起床時覺得自己像是個百萬富翁，但有時候，只需花一秒鐘的時間，一個不贊成的、一個輕視的表示，或想起過去失敗的一件事，就可以使我們一念之間覺得自己一文不值。

我們也許有洞察力、先見之明、後見之明，然而只要有人碰觸到我們的敏感帶，或是悲劇發生，這些正面思緒都會在一瞬間逃得無影無蹤。這時我們的每一根纖維就會充滿了感情，把所有理智的聲音都淹沒掉。

我們之中絕大多數人都很熟悉下面這些症狀：麻木、失眠、疲倦、沮喪、歎息，有太多的事等著要做，但沒有興趣做它們，以致做事沒有條理、悲傷、失去熱忱、寂寞和空虛。

令人感到欣喜的是，雖然我們無法防止壞的感受來臨，但我們卻能阻止它們繼續停留下來，比如說，如果你覺得傷心，而且知道是誰令你傷心，應該怎麼辦？如果可能，就去找那個人當面直言，說他傷害了你、怎樣傷害了你和為什麼讓你有這種感覺。

如果你感覺焦急，就應設法確定你喪失的是什麼——是不是別人的愛和照顧？

是你對境況和對自己本身的控制？

還是你自己做人的自尊心和價值感？

想一想有什麼能幫助你防止損失，或幫助你準備應變。不要因為這種想法太可怕而躲避，越是逃避你所怕的事，只會把事情弄得更糟，問題更難解決罷了。

倘若有人觸怒了你，立刻對他講明，大多數人都會表示歉意而仍要和你繼續做朋友。

此外，該如何對付「內疚」呢？只要記住，大多數內疚來自壓抑的忿怒，而忿怒又是因心靈受傷害而產生的，那麼解決的辦法應該是查出心靈所受的傷害，並找出造成傷害的原因，再把忿怒引回原來它應該發洩的地方。

消極的情緒自然會為你在處理人際關係時，帶來不良影響，但你若表現得過度亢奮、過於激動也未必是一件好事。

一個星期六的上午，賈尼去會見某公司主管，約見地點是他的辦公室。主人事先說明談話會被打斷二十分鐘，因為他約了一個房地產經紀人，他們之間關於

該公司遷入新辦公室的合約就差簽字了。

由於只是個簽字的手續，主人允許賈尼在場。這位房地產經紀人帶來了平面圖和預算，很明顯地，房產經紀人已經說服了他的顧客，但就在這穩操勝券的時候，他做下一件蠢事。

這位房地產經紀人最近也恰巧與這個公司主管的主要競爭對手簽了租屋合約。他大概是興奮過度，仍然陶醉在自己的成功之中，開始詳細描述那筆買賣是如何做成的，接著讚美那個「競爭對手」的優秀之處，稱讚其有眼力，很明智地承租了他的房子。

賈尼猜想，接下去這位經紀人就要恭維這位公司主管也做出了同樣的決策。公司主管站了起來，謝謝經紀做了這麼多介紹，然後說他暫時還不想搬家。這下子讓房產經紀人傻眼了。

當他起身走到門口時，主管在後面說：「順便提一下，我們公司的工作最近有一些創意，頗受好評，不過這可不是跟著別人的腳印走出來的。」

房地產經紀人在關鍵時刻忽略了對方的感受，只陶醉在自己勝利的喜悅情緒裡，結果釀成了談判失敗的苦果。如果他能控制一下自己的情緒，也就不會損失了這筆已經唾手可得的買賣。

學會「控制情緒」是我們人際關係成功和快樂的要訣，因為沒有任何東西比我們的情緒更能影響我們的生活了。如果你能及時控制調整自己的情緒，以適應人際關係多變的需要，那你就會成為一名人際關係高手。

30

忍，是權衡輕重後的明智選擇

人際關係中，你難免會碰到不順心的事，或被羞辱或被誤解，此時自尊心會受到強烈挑戰。這時你可以有兩個選擇：一是針鋒相對，堅決還擊，二是以退為進，強忍自安。而現實環境中，很多時候「能忍一時之辱者」才是真正的強者。

這裡所說的「忍」，是指為了大局、為了長遠利益而把他人強加給自己的痛苦強咽下去，不予以還擊，是為求得寧人息事的一種人際關係方法。有句俗話叫

「百忍可成金」，它道出了「忍」的意義和價值。

韓信忍胯下之辱而圖蓋世功業，成為千秋佳話。假如他當初爭一時之氣，一劍刺死羞辱他的屠夫，按法律的處置，則無異於以蓋世將才之命抵償無知狂徒之命。但韓信忍下一時之氣，才能成就大事，也無異於棄鴻鵠之志而與燕雀論爭。韓信深明此理，寧願忍辱負重，也不願爭一時之短長而毀棄自己長遠的前程。

這樣的忍耐，不是屈服，而是退讓中另謀進取；不是逆來順受、甘為人奴，而是委曲求全以便顧全大局。

在同事、親友之間發生人際關係的矛盾時，只要有一方採取「忍」的應對態度，主動放棄與之對抗，就會使矛盾失去繼續激化的動力，進而使矛盾趨於緩解。

其次，「忍」的態度能導致問題的「冷處理」。

在彼此關係矛盾的狀態下，雙方不夠理智，很難做出正確的判斷。而一方的「忍」就會使雙方脫離正面接觸，使雙方獲得冷靜處理矛盾的機會。

從長遠來看，「忍」還有助於成就大事。事有大局與局部、長遠利益與眼前利益之分，當眼前衝突有礙大局和長遠利益時，「忍」的態度就成為顧全大局的最佳選擇。俗話說「小不忍則亂大謀」，成大器者往往能權衡利弊，絕不會因小而失大。

人緣的好壞，差別往往就在「忍」與「不忍」之間。那麼，在人與人的交往中，如何才能做到「忍」呢？

一、胸懷大度

能「忍」，首先是「思想修養」的反應。

能「忍」的人通常是為人豁達、待人寬厚、品德高尚、有遠大理想者，他們不會過多計較私利、個人面子，遇事能著眼大局、著眼團結。由於有這樣「以大局為重」的思想基礎，所以對小事小非的事都能忍讓，表現出大度胸懷、寬容態度和堅韌品格。

二、駕馭自己的情緒

「忍」是對自我感情的約束、抑制，是一種理智的行為。能忍者需要很強的自控能力，尤其是要善於「制怒」。從心理學的角度看，「忍」的過程即是意志力發揮到最大作用的過程。能不能「忍」，關鍵看自己意志力的強弱。

現代心理學研究指出，人們憤怒爆發的過程分為三個階段：

一是潛伏期——表現為不良情緒的滋生，但未失去理智，思想意志仍發揮作用，致使人們尚能強顏歡笑。

二是爆發期——這時理智已不能駕馭感情，意志也已失效，人們的情緒將不可抑制地爆發出來。

三是休克期——將憤怒發洩後，所出現的安靜和疲勞階段。

從這個情緒發展變化的規律中我們可以看到，「忍」要選擇好時機，即在第一階段潛伏期就要抑制自己，才能有效地避免自己進入情緒爆發期，如果在這個階段已經控制不住，那就無所謂忍不忍了。

人際關係中的「忍」，也不是毫無原則的退讓和容忍，而是在權衡了輕重之後的明智選擇。原則上會忍、能忍、懂忍的人，才能在交際上取得成功。

31

樂觀的養成計劃

人際關係中，每個人都喜歡和樂觀的人做朋友，而討厭悲觀論者。

與人因意見上的不同而有爭執時，悲觀者說：「唉，我又得罪了人，真沒用。」樂觀者則不同，他會充滿幹勁地說：「又多了一次教訓，以後我會做得更好些。」兩者的思維方向迥然有異，所以也導致不同的結果。

當生病臥床時，悲觀者會緊鎖愁眉，憂心忡忡地說：「我真倒楣，再這樣發展下去可就完了。」因此悲觀者愈來愈不快樂，病當然就沒那麼快痊癒。

但樂觀者卻說：「上帝說我太累了，叫我先休息休息，為將來的重新出發養精蓄銳，才能好好再衝刺！」所以樂觀者面對病痛時心情仍很好，願意積極與醫生配合，病情當然很快好轉。

這說明人們的「不好的心情」往往來自於其思維方式及處事態度。我們意識到這一點，就可以有意識地駕馭和改變自己的思維狀態，創造出有利於健康、有助於推動事業成功的樂觀態度。

而「樂觀」也是可以創造的，我們應學會樂觀：

一、熱愛生活，凡事向前看

首先，我們要熱愛生活，熱愛自己的事業，要樹立遠大的理想，一旦人們有了高尚的理想追求，就會對未來充滿信心，對生活表現出超然的豁達，並具有很強的心理承受能力。

當遭遇到不利因素或身處逆境時，就能理解逆境的意義，把目光盯住未來、盯住目標，在遠大理想和目標的感召下，超越眼前的挫折，化解和消除悲觀情緒，使自己保持樂觀的態度。

二、變換角度，從消極事物中發現積極因素

客觀地觀察事物是十分複雜的，從不同角度看，會得出不同的結論。因此，我們要學會從不同的角度來看待問題，遇事要從不同方面分析研究，儘量從不利中看到有利因素來鼓舞自己，使自己保持樂觀向上的昂揚情緒。

當不慎真的遇到挫折失誤時，不妨來個逆向思考，把挫折當成人生的財富，從挫折失利中學到有益的東西，正所謂「不經一事，不長一智」，使自己變得更聰明，把失敗當作成功的跳板，這樣一來，不論在何種情況下，人們都可以看到希望，看到光明，感到生活的美好，充滿生機和活力，就會有一種生生不息的動力，以推動自己不斷前進。

三、實事求是，調整期望

俗話說，「人生不如意事，十常八九。」出現不如意的事情，常常與人們的期望定得過高有關，期望一旦落空，難免帶來悲觀情緒；因此，我們在做每件事情之前，都應從實際面出發，善於綜合各種主客觀因素，統籌考慮，確定此期望在經過自己的努力下，是可以達到的期望。當目標實現時，自己必然會擁有好心情，並以成功者的姿態去迎接下一次挑戰。

當事情出現波折，導致心情不愉快時，就要看看自己的期望是否過高。一旦發現期望脫離實際，就要及時進行調整，把期望值降低一些，這樣一來，就可以使自己心理恢復平衡，在新的平衡點上建立自信，保持樂觀。

四、重溫往事，讓成功為自己喝彩鼓勵

當你遇到挫折心情欠佳時，不妨多想想自己以往曾經有過的成功記錄，看到自己的優勢和能力，由此建立自信，給自己鼓掌，改變不良心境，排除悲觀情緒，以樂觀態度重新投入新的戰鬥。

努力做一個樂觀的人吧，樂觀會把你變成一塊擁有巨大磁力的磁石，讓你成為一個受人歡迎且為人所樂於親近的人。

32

讓關懷為你再加分

一個人如果能時時刻刻對人有善意，就會不自覺的對他人表現出關懷和和善，那麼他自身的吸引力就會在不知不覺中增加。

人格優美、性情溫和的人，到處都能得他人的歡迎，也能處處得到他人的扶助。有些商人雖然沒有雄厚的資本，卻能吸引很多顧客，他們的事業成就與那些資本雄厚但缺少性格吸引力者相比，必定更為顯著。

在人際關係上，如果你能處處表現出「愛人」與「和善」的精神，樂於助人，那麼就能使自己猶如磁石一般，吸引眾多的朋友。相反的，一個只肯為自己打算的人，到處都會受人鄙棄。慷慨與寬宏大量，也是獲得朋友的要素。一個寬容大度的慷慨者，常能贏得人心。

在人際關係上，還應說他人愛聽的話，在談話和做事過程中，要發揚他人的長處，而不去暴露他人的短處。那種習慣輕視他人、喜歡尋找他人缺點的人，是不可信賴的人，也不值得結交。

「輕視與嫉妒他人」往往是一個人心胸狹窄、思想不健全的表現，也是一個人思想淺薄與狹隘的表現，這種人非但不能認識他人的長處，更無法發現自己的短處。而有著健全的思想、對人寬宏大量的人，非但能夠認識他人的長處，更能發現自己的短處。

吸引他人最好的方法，就是要使自己對他人的事情關心、感興趣。但你不能做作，你必須真誠地對別人關心、對別人感興趣。

一個人之所以無法吸引他人，是因為他的心靈與外界是隔絕的，他專注於自己，而與外界隔絕，久而久之，便足以使自己陷於孤獨的境地。

有一個叫比爾的工程師，幾乎人人都不歡迎他，但他自己不知道是什麼原因使自己不受眾人的歡迎。即使是參加一個公眾集會，人人見了他都退避三舍。所以，當別人互相寒暄談笑、其樂融融之時，比爾往往一個人獨處在屋中的一個角落。即使偶然被人注意，片刻之後，他也依舊孤獨地坐在一旁。人人都私下耳語：像比爾這種人，就好像冰塊一樣，也是一塊沒有吸引力的磁石。

比爾之所以不受歡迎，在他自己看來是一個謎，他具有很大的才能，又是個勤勉努力的人。從前他在每天工作完畢後，也喜歡和同事往來中尋快樂，但他往往只顧到自己的樂趣，而常常給對方難堪，他只想到自己而不顧及他人。一刻也不能把自己的事情耽擱去關心他人的事情，每當與別人談話，他總會把談話的中心，集中在自身或自己的事務上。所以很多人一看到他，就避而遠之。

一個人如果只顧自己，只為自己打算，那麼就沒有吸引他人的磁力，就會使別人對他感到厭惡，就沒有一個人喜歡與他結交往來。

如果一個人真正對他人感興趣，便有吸引他人的力量。而且對他人吸引力的大小，與對他人所感興趣的程度成正比。怎樣才能對他人感興趣呢？主要是要能夠設身處地為他人著想，能夠推己及人，給他人最深切的關懷。

其實，人生最大的目標，並不應該在於謀生賺錢，而要把我們內在的力量、我們的美德發揚出來，這樣一來，我們就會具有吸引他人的力量。

一個人要真正吸引他人，應該具有種種良好的德性，自私、卑鄙、嫉妒都無法贏得人心；非但無法贏得人心，還會處處不受人們的歡迎。所以，我們應該多給他人關懷、同情、鼓勵、扶助，這些性格特質不會因為我們的付出而減少，給別人越多，我們反而會收穫越多。

33

在心中種一棵許願樹

每個人對自己都有一個「我屬於哪種人」的自我期許，這也就是心理學上常說的「主觀意識」。不要小看主觀意識，它可能對你的人生產生深遠的影響。

主觀意識就是「我屬於哪種人」的自我觀念，它建立在我們對自身的認知和評價基礎上。一般而言，一個人的「自我觀念」都是根據自己過去的成功或失敗、他人對自己的反應、自己根據自己環境中他人的比較意識，特別是童年經歷等四個主要方面不自覺地形成的。根據這些經驗判斷，人們心裡便形成了「主觀意識」。

就我們自身而言，一旦某種與自身有關的思想或信念進入這幅「自我肖像」，它就會變成「真實的」。在此之後，我們很少去懷疑其可靠性，行為與觀念只會根據它去活動，就像它的確是真實的一樣。

丹丹是一個內向的女孩，她討厭人多的地方，討厭和不認識的人接觸，辦事的時候心情總是很慌亂，一接觸異性就覺得緊張……，結果她沒有什麼談得來的朋友，為此她也很苦惱。後來她的姐姐告訴她一個辦法，那就是多運用自己的想像力。

從此以後，丹丹每天起床時就對著鏡子微笑，她把自己想像成一個活潑可愛的女孩，身邊有許許多多的朋友，她大方地和他們一起談笑、玩鬧……，漸漸地，她真的變成了一個活潑的女孩子，連她自己都覺得有些不可思議。

心理學家認為，人的潛意識就是一部「服務機制」——是一個有目標的電腦系統。而人的「主觀意識」，就有如電腦程式，直接影響這一機制運作的結果。如果你的主觀意識是一個失敗的人，你就會不斷地在自己內心中看到一個垂頭喪氣、難當大任的自我，聽到「我是沒出息、沒有長進」之類負面的資訊，然後感受到沮喪、自卑、無奈與無能——而你在現實生活中便會「註定失敗」。

另一方面，如果你的「主觀意識」是一個成功人士，你會不斷地在內心的「螢光幕」上見到一個不斷進取、敢於經受挫折和承受強大壓力的自我；總是聽到「我做得很好，而我以後還會做得更好」之類的鼓舞訊息，然後感受到喜悅、自尊、快慰與卓越——而你在現實生活中便會「註定成功」。

「主觀意識」的確立是十分重要的，其正或負的傾向是我們的生命走向成功或失敗的方向盤、指南針。主觀意識的形成有以下特點：

一、行為、感情、舉止、才能，始終與「主觀意識」一致

每個人把自己想像成什麼人，就會按那種人的方式行事；而且，即使他做了一切有意識的努力，即使他有意志力，也很難扭轉這種行為。

主觀意識是一個前提、一個根據。人的全部個性、行為，甚至環境都是建立在這個基礎之上的。如果一個人從心理上逃避成功、害怕成功，一旦面對機會或挑戰，他就可能畏畏縮縮，這樣一來，即使不是一個失敗者，也是一個平庸之輩。因為，在其主觀意識裡已經有了「失敗的主觀意識」。

其實只要改變一個人的主觀意識，不管是企業家、商人或是學生、教師，其工作績效都會是積極的、正面的。

二、「主觀意識」可以被改變

一個人難於改變某種習慣、個性或者生活方式，似乎有這樣一個原因：幾乎所有試圖改變的努力都集中在自我的行為模式上而不是意識結構上。很多人對心理諮詢或指導感到意義不大，是因為他們想要改變的是特定的外在環境或者特定的習慣和性格缺陷，而從來沒有想到改變造成這些狀況的主觀意識。

要想有所成就，並全面地改善自己的主觀意識，就必須有一個適當而又現實的主觀意識伴隨著自己；就必須能接受自己，並有健全的自尊心——必須信任自己，必須不斷地強化和肯定自我價值，必須隨心所欲地、有創造性地表現自我，

而不是把自我隱藏或遮掩起來，必須有與現實相適應的自我，以便在一個現實的世界中有效地發揮作用。此外，可透過長期自我觀察或借助心理諮詢師的指導，逐步而客觀地認識自己的長處和弱點，並且積極現實地對待這些長處和弱點。

當這個主觀意識在對自我揚長避短的基礎上日臻完善而穩固的時候，你會有「良好」的感覺，並且會感到自信，會自由地作為「我自己」而存在，自發地表現自己並會適當地發揮作用。如果它成為逃避、否定的對象，個體就會把它隱藏起來，不讓它有所表現，創造性的表現也就因此受到阻礙，內心便會產生強烈的壓抑機制而無法與人相處。

我們每一個人內心所真正需要的，正是更豐富的人生，幸福、成功、寧靜以及我們心目中的崇高目標，這些生活目標都可以從豐富的生活或積極的態度中得到。

當我們體驗到幸福、自信、成功及充滿感情時，我們就是在享受豐富的生活。

當我們落魄到壓制自己的能力、浪費自己的天賦本能，使自己蒙受憂慮、恐懼、自我譴責和自我厭惡的程度時，就是在扼殺我們可以利用的生命力，就是在背棄自我發展的道路。

用你的心為自己畫一幅自我肖像，你希望自己成為怎樣的人？你希望自己有什麼樣的成就？你就會與這個形象越來越接近。

34

和諧來自相互尊重

你希望別人怎樣對待你，你就要怎樣對待別人，只有「相互尊重」，人與人之間的關係才會融洽和諧。

一般來說，人們對尊重的需要分為兩類，即「自我的尊重」和「來自他人的尊重」。「自我的尊重」包括對獲得信心、能力、本領、成就、獨立和自由等的願望。而「來自他人的尊重」包括威望、承認、接受、關心、地位、名譽和賞識。一個具有足夠自尊的人總是更有信心、更有能力，也更有效率。

然而，當缺乏自尊時，就會感到自尊無望，甚至可能導致絕望和神經失常的行為。而最穩定的，也是最健康的自尊，是以別人給他應得的尊敬為基礎的，而不是來自外部的名聲、榮譽和諂媚。

某家電影院曾發生這樣一件事：年終時，電影院經理把員工（包括即將退休人員）及其家屬都請到電影院來參加一個茶會。

茶會前，電影院專門製作了這些退休人員和在職員工的生活紀錄片，在茶會上放給大家看。每個人，尤其是退休員工都非常感動。原因很簡單，這些人一輩子從事的工作就是為別人放電影，從未感受過自己上銀幕是什麼滋味。今天他們有機會在為人們放了一輩子電影的電影院裡，看見自己在銀幕上，他們感覺到電影院老闆沒有忘記自己一輩子對電影院付出的辛苦，他們能不感動嗎？因而很自然地加深了對公司的感情，同時也使在職員工感到振奮，團體的凝聚力也因此大增。

「互相尊重」是禮儀的重要原則。與人交往，不論對方職務高低、身分如

何、相貌如何、才能大小，只要與之打交道，首先就應尊重他人的人格，做到禮遇適當、寒暄熱烈、讚美得體、話題投機，讓人感到他在你心目中是受歡迎的和有地位的，進而得到一種心理上的滿足，感到與你交往的心情很愉快，這樣才可能深入溝通，建立感情，達到目的。

要想在人際關係中展現對他人的尊重，你不妨從以下幾個方面做起：

一、尊重的禮儀

禮儀不僅能展現一個人的修養和人品，還能展現出對他人的尊重，贏得別人的好感。

在人際關係場合中，男方將女方的手握得太緊、時間太長，是對女方的不尊重，會給人輕佻之嫌；參加朋友的婚禮而蓬頭垢面、不修邊幅，不僅有損自己的形象，也是對朋友的不尊重；和異性朋友保持過密的距離，甚至湊到對方耳邊「竊竊私語」，是對對方的不尊重；站著與別人交談而腳不停地抖動，會使人產生「不耐煩」的聯想；與長輩、上級、新朋友坐著交談而大蹺二郎腿，甚至上下擺動，在對方看來，這是輕佻的表現，是對對方的不尊重。

二、態度要真誠而熱情

熱情的態度，意味著對別人的隆重接納，會給人留下受歡迎、受重視、受尊重的感覺，而這本來就是禮儀的初衷和要旨。

當然「熱情」不能過分，過分的熱情會使人感到虛偽和缺乏誠意。所以，待人熱情一定要出自真誠，是尊重他人的真摯感情的自然流露。如果心存不敬，卻又要故意表現出熱情，只會讓人感到做作，引起反感。

三、不要傷別人的面子

所謂面子，即「自尊心」。即使是一個毫無廉恥之心的人，也存在著一定的自尊心。「失去自尊」對一個人來說，是一件非常痛苦、難以容忍的事情。所以，傷害別人的自尊是嚴重失禮的行為。如果是故意而為，那就更不道德了。

中國人愛面子、講面子，古人有「寧折勿彎」的訓誡，說到底都是「自尊心」的問題。維護自尊、希望得到他人的尊重，是人的基本需要之一。所以，與人交往，一定要避免傷害他人自尊心的言行，例如談話中不要涉及他人的隱私；不要提到對方的生理缺陷，更不能拿別人的生理缺陷開玩笑；對他人做錯的事，

更要用善意的態度委婉指出。

四、尊重他人的意見

每個人都有表達自己思想、表現自身的慾望，而社會的發展，為人們表現個性提供了更為廣闊的空間。

豐富的個性色彩和多元思想的共存，是現代社會區別於傳統社會的一個基本特徵。因此，現代人際關係中的互相尊重原則，要求人們必須學會彼此寬容，尊重他人的觀點和個性。與人交往，就應給人表達自己思想、表現自己個性的機會，應尊重他人自我表達的權利。當他人與自己的意見相左時，不應把自己的觀點強加給別人。與個性特徵和自己截然不同的人交往，也應尊重對方的人格和自由。

「得到尊重」是人的基本精神需求之一，如果你能照顧到對方的這一項心理需求，你就必然會得到對方的尊重和好感，當然，你的人緣也就會越來越好。

35 做人何必太精明

黑貓養了一群魚鷹替自己捕魚，黑貓是非常精明的，這些魚鷹想獨吞任何一條小魚都是非常難的，牠的眼睛像雷達一樣掃視著魚鷹，一號捕了幾條，二號捕了幾條，黑貓都清清楚楚。

黑貓的妻子對丈夫說：「為什麼這樣苛刻呢？牠們也很辛苦啊，睜一隻眼、閉一隻眼過得去就算了。」

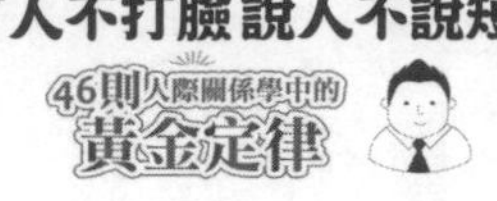

黑貓對妻子的想法嗤之以鼻：「那怎麼行！我必須要多算計著！」但魚鷹卻再也受不了這樣的生活了，牠們一起商量之後，集體逃走了。

鄭板橋的「難得糊塗」的生活觀深受國人喜愛，一個精明過人的人，最好偶爾有個幾次糊塗，「太精明」未必是件好事。一個人在處世、生活中能夠學會「難得糊塗」的精髓，會在很多方面都受益無窮的：

一、避免矛盾和紛爭

生活中的許多小事，如果我們採取「難得糊塗」的態度，睜一隻眼、閉一隻眼，很容易大事化小、小事化無；而如果你一點都不糊塗，一是一，二是二，矛盾、紛爭，甚至流血犧牲都有可能發生。

一對夫妻為爭電視頻道，如果一方糊塗一下，讓著對方，對方看什麼節目就跟著看，電視嘛，哪個頻道不都有娛樂效果，大家就會繼續看電視，而不是兩個人對打起來：丈夫惱羞成怒，用酒瓶砸向妻子的頭，結果妻子傷重不治，丈夫收監候審……，如此一來豈不是得不償失。

生活中有很多精明的人總是喜歡抓著別人的小辮子、找別人的小缺點，以為這樣做顯示自己比他人高明，實際上這種語言、行為上的絲毫不糊塗卻是造成兩個人關係疏遠、分道揚鑣，甚至成為仇敵的根本原因。

二、使自己心態平和

與人交往，其關鍵是要「心情愉快」的，而「心態平和」是心情愉快的前提，凡事「難得糊塗」些，就可以使一個人心態平和。

如果你是一個牙尖嘴利、眼尖手快的人，你必然會發現一些別人注意不到的現象，如果你一笑置之，不加追究，不久你就會忘掉這些東西；而一旦你覺得自己無法不指出來，非要給他人一個昭示，既弄得他人滿心不快活，恐怕你自己的心也難以平靜下來。

三、讓自己多放輕鬆

人常說：「給人方便，與己方便。」而「難得糊塗」的態度無非就是給人方便，一旦「給人方便」，人就會對你也難得糊塗。兩個過於精明的人就像兩隻正在酣鬥的公雞一樣，非要分出個你勝我敗來，這樣的行為對於健康的身心是沒有

什麼益處的。

如果你是一個處處不糊塗的人，總是睜大雙眼，提高警惕地生活，那你累不累呀？你有沒有身心疲憊的時候？你何不像一個大智若愚的人那樣——「難得糊塗」一下呢！

要做到「難得糊塗」，就應具備「寬容」的美德。有了寬容心，你完全可以對那些雞毛蒜皮之類的小事付諸一笑，你完全可以對並不重要的事糊塗一下，你完全可以對無關緊要的事網開一面。如果你真這樣「難得糊塗」，你會處於一個快樂的心境之中，正如人們常說的「原諒使人快活」。

小事糊塗，大事不糊塗。要分清什麼是大事，什麼是小事。對於貪污腐敗、行賄受賄之類的事絕不能糊塗；而對同事把你一盒菸拿去卻沒還、不小心碰了你一下這種小事，則完全可以糊塗一下。

別成為一個過於精明的人。過於精明的人常好為人師，求全責備，對人苛刻，眼睛裡容不得半點不合他意之處。這種精明人為了顯示其精明處，常常是橫挑鼻子豎挑眼，從來都不會難得糊塗一下的，這種人在現實生活中，屬於招人厭的那一類，就像紅樓夢中的王熙鳳一樣，表面上大家都對你唯唯諾諾，可在暗地裡，恐怕人人都恨你自以為是的樣子。

人際關係中，你不能總是表現得太精明，老是處處咄咄逼人，最後只能成為人際關係場上的棄兒。而懂得適時犯糊塗的人，卻會贏得別人的喜歡，在人際關係中受益無窮。

36

做一個內在的贏家

一隻小鷹在練習飛行時遇見了一隻麻雀，麻雀對小鷹一次次從懸崖上俯衝下去的行為感到不解：「你這是在幹嘛呀！你已經飛得夠好了，再練習也不可能衝上雲霄去的！」

小鷹冷冷地看著麻雀：「為什麼不能？我是一隻鷹啊，只要我勤加練習，就一定能飛到任何高度！」說完牠又一次次練習著，麻雀搖了搖頭，無法理解這隻小鷹的做法。

一個人成功的關鍵是必須「不斷向自我挑戰」，向他人證明你的價值，簡單地說，就是你必須先成為一個「內在的贏家」，然後才有信心去為實現目標而努力。具體來說，我們必須做到運動競技中的冠軍及各行各業的獲勝者所共有的主要特質，即對自我的內在價值具有基本的信念和對自己潛能的不斷挖掘。如果成功有賴於外物支援，將受制於經常性的焦慮。

當同事為你的成就慶功時，你也許快意一時，但不久心中會懷疑，他們下回是否仍將如此衷心為你慶賀；若你受到批評時，更會感到受到的傷害與威脅。事實上，成功的概念若僅是指一次完美的表現，或追求一面金牌，那你將永遠無法獲勝。

很顯然的，天賦、外貌及其他特質，並非人人生而平等的因素，但上天賜予我們豐富的「內在價值」，卻能夠綿延不絕。

人生的競賽，並不侷限在一個競技場上，而我們每個人的教育程度不一，提供支援的家庭生活及其他因素，也大都非我們所能控制。但可以確定的是，每個人並非都天生具有冠軍者的特質。

安東尼‧羅賓告訴我們，要學會用一個詞──「內在的贏家」，去描述那種能夠認知自己的內在價值，而又能夠以它為基礎去實現目標。能在人生的競技場上取得勝利的祕訣在於，你必須先是個「內在的贏家」，你必須認為自己是個潛在的成功人士：因為你相信自己總有一天會成功。

有句格言說得好：「失敗者任其失敗，成功者創造成功。」此格言強調，勝利者天生是傾向行動的人，他們將自己視為世界舞台演員，而非被動地被他人行動牽制的受害者。即使失敗了，勝利者也寧願選擇一種有聲有色的方式失敗。如果無法避免失敗，就轟轟烈烈的大拚一場，這是成功者的處事方法。

世界級拳王阿里曾用過這種拚命的方法向自己挑戰，激勵自己發揮出更大的潛能。在拳王阿里與弗來奇爾對陣之前，他像諾馬士那樣宣稱自己將獲得勝利。同樣的，這種裝腔作勢似乎不按常理出牌。在早期的拳擊生涯中，阿里就常預測對方的實力，但那時他是與實力遠不如他的人競賽。

現在，阿里是離開拳擊圈多年後再戰，而弗來奇爾則是常勝將軍。阿里居然仍誇口自己會勝利。他也不只說一次而已，這個「勝利將屬於自己」的論調，他還重複無數次。只不過這回，阿里的預測錯了，他輸了。最後一戰他辛苦應戰，但仍舊失敗了。

之後不久，阿里被邀請上美國一家電視台的訪談節目，在他被介紹給觀眾之前，有人懷疑他上台時觀眾會有何反應。他曾信誓旦旦地說他一定會贏，結果他輸了，那確實令人無地自容。可是當阿里出現時，他受到所有在場觀眾的真誠起立致意，他們還熱烈鼓掌喝彩。

阿里並不被認為是個愚弄自己的人，相反地，他被認為是一名「勇於挑戰自我」的勇士，雖然比賽結果並未如他所言，但比起他甘冒大險的勇氣，勝負只不過如鴻毛一般，不值得一提。

當然，在阿里的時代之後，那種運動員在賽前誇張的預測，已全然沒有價值，因為它確實毫無意義。但是，如果你有膽量說你掌握自己的命運，這個世界將因此而尊敬你，即使事後證明你錯了。

當你繼續邁向高峰時，必須記住：每一級階梯都供你踩足夠的時間，然後再踏上更高一層，它不是供你休息之用。我們在途中難免會疲倦與灰心，但就像世界重量級拳擊冠軍詹姆士·柯比常說的：「你要再戰一回合才能得勝。碰上困難時，你一定要再戰一回合。」

每一個人都有無限的潛能，但除非你知道它在哪裡，並堅持使用這種潛能，否則毫無價值。世界著名的大提琴演奏家帕柏羅卡沙成名之後，仍然每天練習六小時。有人問他為什麼還要這麼努力？他的回答是：「我認為我正在進步之中。」

我們得努力工作才能把握住下一個成功的機會。任何一位推銷業務員都會告訴你，每一個「不」的回答，都使你愈來愈接近「是」的目標。

「黎明之前總是最黑暗」這句話並非口頭禪，只要你努力工作，發揮你的技巧與才能，更大的成功終會到來。即使你成功的一天永遠沒有到來，你仍然是個大贏家。因為你已經有了知識，也懂得面對人生，那便是你人生當中最大的成功。

許多懶惰的人在心理態度方面都有問題。他們吝於在工作或職業上使出全力，覺得如果盡力而未能成功，就會很丟面子。他們的理由是，既然未曾盡力，那麼失敗了也可以振振有詞，不愁找不到藉口。他們並不覺得失敗又能怎樣，因為他們從未認真地去做過。他們時常聳著肩膀說：「這對我沒有什麼兩樣。」許多失敗者都是這種說法，所以他們也永遠不會成功。

每個人都應該有一種自我挑戰、自我突破的精神，你應該選擇一種特殊的方式，去證明自己、表現自己，只有這樣做，才能達到你夢想中的境界。

37

沒有人是豆腐渣

對一個人來說，最好的精神狀態就是保持「適度的自信」，但這一點卻很難做到，很多人都走向了兩個極端——自貶或自負。

「自貶」，也就是人們的自我貶低，廉價地評價自己。

人類的這種「自貶」弱點，在我們的生活中，以數不盡的方式存在著，影響著我們的生活、對人生的追求、對成功的渴望。

例如，你在報紙上看到了一份招聘廣告，那份工作你非常喜歡，而且開出的條件也很誘人，但是你並不想去應徵，也沒有採取任何行動，因為你認為：「這麼好的工作，應徵的人肯定很多，我的能力恐怕不夠，又何必自找麻煩呢！」

幾千年來，哲學家們都語重心長地告訴我們這些芸芸眾生：要認識自己。然而奇怪的是，我們之中的絕大多數人，都把哲學家的這句話理解為「要認識我們的缺點」、「要認識自己消極的一面」、「要認識自己不好的一面」。

所以我們看到，「要認識自己」的結果，使大多數人的自我評估都包括了太多的缺點、錯誤與無能。這大概也出乎那些哲學家的意料，恐怕也違背了他們的初衷。

認識自己的缺點與不足是很好的，我們可以藉此謀求改進，以使我們的人生更加美好。但是，如果我們只是認識到自己的缺點和消極的一面，人生就會陷入另一種混亂，使自己覺得自己沒有什麼價值。所以要正確、全面地認識自己，絕不要看輕自己。

還有很多人，是在比較中產生自貶心理的。在現實生活中，確實存在著職務

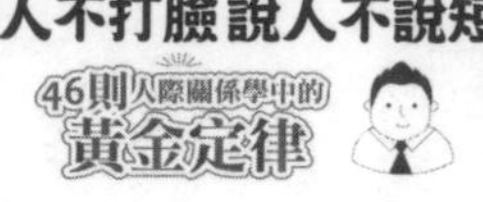

比你高、收入比你多、能力比你強、事業比你順的人，你如果總跟這類人相比，自然容易產生自貶心理和膽怯行為，你應該明白人與人的比較性實在不大，不要機械性地和他人做這種對比。

事實上，「天下無完人」，別人不可能一切都好，自己也不可能一切都不好，而且好和不好也是相對的、可變的。

聞名世界的成人教育家卡耐基，幼年時表現平平，青年時也無驚人之舉，但他經過多年的刻苦學習和實踐，竟成為舉世矚目的公共關係專家、人際關係大師。卡耐基之所以會一路成長、成熟、成名的原因，是「必勝的信心」幫助了他。

要想事業獲得成功，除了要具備足夠的條件、時間、環境等多種因素之外，最基本的一個條件就是要有信心及積極的心態，否則莫說事業成功，就是正常的交往接觸都難以進行。所以，你一定要學會正確地認識和評價自己，不要總把別人看成「一朵花」，卻老是把自己看成「豆腐渣」。

在與人交往中，「自卑」固然不好，但「高傲」的態度更要不得。這是因為，自卑不過是有時使自己失去一些交往機會，或交往的效果不是特別理想，還沒聽說過因為自卑而引起他人強烈不滿的。高傲就不同了，凡是有一點自尊心的人，在與高傲者交往時，沒有不深惡痛絕的。

高傲者最大的毛病是讓人感覺不平等，似乎他高人一等，似乎他比別人優越，這就必然給對方的心理造成傷害。人無論年齡大小、地位高低，都是有自尊心的，人最無法接受的是被人瞧不起，而人際交往中的高傲態度，就猶如向對方說了一句：「我鄙視你」，其結果可想而知。

有人說，「我們都是普通老百姓，既沒當官，手裡又沒什麼特權的，有什麼可高傲的呢？」話可不能這麼說，大家都一模一樣的時候，也許他高傲不起來，但只要發生了一點變化，這變化又可作為高傲「資本」時，高傲便油然而生了。

「平等待人，不自恃高人一等」在一般情況下是不難做到的，但不高傲正像不自卑一樣，若想無論任何場合、任何對象或自身發生任何變化，都能一貫地做到「平等待人」確也不易，因為這是個修養問題。

如不提高警惕，「高傲」在不知不覺中就會流露出來，到那時得罪了人，自己都不知道是怎麼一回事。

想一想這兩種場合：自己的電腦壞了，請一位精通電腦修理技術的同事幫忙修一修；一位同事因故來借錢——自己在態度上能一樣嗎？假如在後者情況下也能如前者一樣，那就是一個很有修養的人了。可惜我們常常做不到這般的平等對待，雖然我們不是有意地居高臨下。

學會自信從容地面對一切，既不自卑也不自傲，只有在心理上無拘無束的人，才能面對現實，接受挑戰。

38 新官上任學問多

升遷是件可喜可賀的事，然而升官之後如何「新官上任三把火」就有點麻煩了。不要只顧著「燒火」，還要小心不要被人「燒」。

經過辛勤努力，再加上良好的機遇，你扶搖直上成了新官，這時你的處境就有點尷尬了，如何與舊時同事處好關係，就是你必須做好的第一件事。

大家本來是很要好的同事，平時經常一起進餐，彼此有說有笑，但是有一

天，上司突然宣布將你拔擢為這個部門的主管，你在驚喜交集之餘，發覺昔日的好同事竟以敵視的眼光看著你。

雖然你是他們的上司，你卻不敢隨便發號施令，而下屬對你顯然也並不尊敬，很顯然大家對你身分的轉變仍未適應，原本是平等的地位，突然之間你居於他們之上，可能是基於妒忌的心理，他們要對你這位新上司示威，所以對你的指示充耳不聞，最糟糕的是，他們不再把你當作朋友看待，而將你從他們的小圈子開除了。

面對這種複雜的人際關係，你無須太憂心，只要以正確的態度對付問題的人，一切困難就會迎刃而解。常言道，要「夾著尾巴做人」，其實職場上也須如此，作為剛上任的「新官」，你應該明白「水能載舟亦能覆舟」的道理，沒有部屬的支持，自己勢必無所作為。

所以你在上任之後，無論別人對你的態度如何，無論別人在背後怎麼議論你，都要有「大度能容，容天下難容之事」的非凡度量，不要對任何人產生任何厭何惡感，不必與部屬斤斤計較，否則，你會失掉民心！

你應該表現得主動一點，跟大家打招呼，一起吃午餐……，讓大家曉得你依然是從前態度友善的你，上司把你提升到一個較高的位置上不是你的錯，久而久之，大家必然會接受你的新身分，願意跟你好好合作。

人人都希望獲得升官加薪，若上司真的提拔你，那麼以前與你有說有笑的同事就變成了你的部屬，你可以隨意吩咐他們做事情。面對這種突如其來的轉變，你或許會感到手足無措，尤其是那些沒有被提拔的同事會遷怒於你，把你視為敵人，並且不願意與你合作。其實，這也是人之常情，只要你運用一點技巧，大家一定會接受你，不會永遠跟你作對。

當你接到高升通知時，一定要收斂你的喜悅，告訴同事們，多謝他們多年來的合作，希望他們會繼續協助你。同時請大夥兒吃頓飯，把氣氛弄得隨和、輕鬆，日後工作起來會更好辦；但切莫大擺筵席，那只會顯示你的浮躁。

假如你奉調新職，上任之初，或許你有許多新計劃，但擺出新官上任的態度是不明智的，低調一點，以不變應萬變，當有部屬問你：「這些工作如何進行？」你不妨先問他：「你們過去是怎樣進行的？」待他解釋清楚，你再表示：「我看問題不大，暫時仍按老辦法做吧，過一段時間我們再研究研究。」

這樣一來，既表示你尊重別人的做法，又不失自己的威嚴和獨特見解。

無論是面對新同事還是舊搭檔，你都要注意言行，保持謙虛。另外在上任之後，要盡可能與大家「打成一片」，讓大家感覺到你是他們的同路人。俗話說：「水清無魚，人清無友」，只有「見人說人話，見鬼說鬼話」才能得到各種人對你的認可與接納。

但如果有人軟硬不吃，執意跟你作對的話，那你就得採取強硬措施：「不換思想就換人」，絕對不能讓他動搖了你的威嚴。這樣一手軟、一手硬，就可以「擺平」部屬，讓你成功做個「新官」。

Part 6

與朋友的關係要親密有度

中國古訓說：「大丈夫處世，當交四海英雄。」西方諺語說：「朋友是人生最為珍貴的財富。」一個人如果能多交一些志同道合的朋友，那麼一生都會因此而受益。交朋友一定要至真至誠，廣交天下良朋益友，但也要注意與朋友保持適度距離，朋友關係太親密了，就容易產生矛盾，淡如水的友誼才能天長地久。

39

好朋友也要明算帳

生活中，常見到一些自認可以與朋友同生共死，因而「有衣同穿，有錢同用」，親密的關係讓人看了眼紅。

其實朋友之間，禮尚往來，互贈物品，或者在適當的時候，一起吃飯喝茶等，也是情理中的事。但如果認為「好朋友在經濟上可以不分你我」，那就錯了，以下就是將友情與財務混為一體的例子：

江湛明跟哥兒們李克強鬧翻了！起因是李克強抱怨兩人在一起玩樂時，總是他花錢。江湛明和李克強從初中到大學都是好朋友，剛畢業時兩人又在一起合租房子，那時兩人發了薪資就隨手放到客廳的櫃子裡，誰想用就去拿，從來不分你我，兩人戲稱這種情況是「共有主義」。

後來由於工作調動，兩人各自租了房子，但感情卻沒變，誰缺錢了只要跟對方說一聲，幾千塊錢就送過去，從來也不記誰欠了誰多少錢。

年初的時候，李克強交了個女朋友，花費多了起來，常向江湛明拿錢，江湛明漸漸地有點不高興，有一次李克強又要借一千，江湛明拒絕了他。李克強就很生氣，他跟別人說：「這麼多年了，這小子不知道跟我拿了多少錢，一起吃喝都是我付帳的，沒想到現在居然翻臉不認人了！」

江湛明也很生氣：「他花了多少錢？上次他媽媽住院時，我不是也有送五千塊去嗎？剛畢業時我賺得比他多一倍，那些錢都是誰花的啊？」最後兩人大吵了一架，從此誰也不理誰了！

俗話說得好：「交義不交財，交財兩不來；要想朋友好，銀錢少打擾。」把友誼建築在金錢的基礎上，就像把大樓建在沙灘上一樣，是極不牢靠的，而且嚴格說來，這種友誼也算不上真正的友誼。如果朋友交往中像江湛明和李克強這朋友之間錢財也要分清，把友情維繫在金錢上，結果一定會出問題，經濟上長期不分你我，那麼必然會帶來很多惡果。

首先，金錢會使友誼變質，日子久了後，相互之間的平等關係會變成經濟上的依附關係。其次，由於物質至上主義的侵入，朋友之間平等的關係還會被金錢交換關係所代替。這時，被金錢腐蝕了的「友誼」就可能變成掩蓋錯誤甚至包庇違法犯罪行為的「保護傘」；經濟上的不分你我，就會演變成不講原則，不分是非。

最後，因為受金錢腐蝕，「以財交友，財盡則交絕」，最終會使友誼不復存在。比如李克強便因為江湛明不再借錢給自己，而與江湛明一拍兩散。

但是朋友之間，免不了要牽涉到經濟問題。比如請客吃飯，這是一個禮尚往來的事情，朋友之間為了增進友誼，加深瞭解，一起吃吃飯、娛樂都是很正常的。這種情況下，一定要表現得大方一點，因為沒有人願意和小氣的朋友來往，互相算計的友誼是長久不了的。當然，現在的人都了解「親兄弟明算帳」的道理，這樣最能獲得大家的認可，但要注意的是，有些人不喜歡算得這麼清楚，覺得這樣的相處模式疏遠了感情，那麼就要事先溝通好。

再比如婚喪嫁娶。這是具有中國特色的人情禮，這在外國人看來是不可思議的，也許這就代表了「禮儀之邦」的特點吧，遇到紅白喜事，作為朋友、親戚、同事，都要表示心意，尤其是朋友，隨著關係的遠近還會輕重有別。所以，朋友之間既然免不了這個「俗」，就一定要把握好這個「度」。首先是不能超出自己的經濟能力，要量入為出；其次要考慮到對方的經濟條件，因為中國人都知道這些人情禮都是要「還」的，禮送得太重，就等於給朋友加上了包袱，這樣做也是很不合適的。

再來就是借錢。這個問題向來是很敏感的，朋友之間，往往是一方不好意思開口，另一方則不好意思拒絕。處理這個問題，作為借錢的一方，開口前要想

到，能否想出別的辦法，例如向銀行貸款；或對方的實力如何，借錢給自己是否有難處；自己的償還能力如何，可以向對方承諾多長時間內一定還清（承諾了就一定要兌現，否則就沒有下次的機會了）。

而借錢的人，一旦朋友開了口，礙於面子又不好拒絕，而除非真的是很大一筆的數目，否則在自己的能力範圍之內不借錢給別人還真是為難，那麼，你就應該先設想好：首先這個朋友是不是有信用，再好的朋友也應該有道德約束，品德不好的人本身就不值得你為借不借錢給他而發愁。

其次是自己的實力，是否真有這樣一筆閒錢，還是要從自己的開支中省出，如果是省出來的錢借給別人，就要問問自己能不能過下去，還要考慮家人的感受；還有，考慮對方的還錢能力是無可厚非的，自己辛辛苦苦賺來的錢當然要花在刀刃上，有去無回的借錢是絕對不能忍受的。如果朋友已經犯過一次這樣的錯誤，絕對不要再給他第二次騙你的機會，借錢不還的人終歸是沒有信用、不值得一交的朋友。

朋友之間經濟上的幫助是應該的，也是無私的，不要圖對方會加倍報償的。

但這只是事情的一個方面，另一個面相，應該明白，幫助從來是相互的，即使被幫助的一方無力提供給朋友相應的幫助，但也要心中有數，記住「來而不往非禮也」的古訓，當有機會對朋友的幫助進行報答時，一定要及時報答，使這種物質上的來往大體上能保持平衡。

當在朋友之間已經和正在產生較大的經濟利益有關係時，則不要忘記「好朋友還須明算帳」，採取適當的方法，互相尊重對方的權益，處理相互經濟利益關係的原則和方法，把權利、義務關係弄清楚。這樣做，看似無情，實則有義，「買是買，送是送」，可以避免許多無益而有害的糾紛，使友誼更加牢固。

友誼的基礎是想法、興趣愛好上的一致，及事業理想上的共同追求，而經濟上的互助只是友誼的衍生物。如果有人認為友誼是「金錢上的互通有無」，那麼他永遠也交不到真正的朋友。

40

好朋友也要客氣

人與人的關係，一旦變得親密就容易不拘小節，甚至逾越界線。界線一旦逾越了，必會危及彼此的交情。氣味相投就很容易陷於鬆懈或粗心大意，心裡想到了什麼就隨意地衝口而出。

阿拉伯有句諺語說：「腳步踩滑總比說溜了嘴來得安全。」不論多親密的朋友，還是必須有所節制，才不致壞了交情。所以，在和朋友的長期交往之中，隨時要注意恪守禮儀與自我節制，一旦你逾越了禮儀或失去了節制，你也就失去了朋友。

安吉麗娜和朋友有一次去酒吧，正巧遇到了以前的幾個好友，她們是在邁阿密認識的，真是有緣，如今又在紐約見面了。談話的時候，她們把目光轉向了安吉麗娜的朋友辛蒂，安吉麗娜高聲喊著：「這傢伙是個女鬼，吸毒是個能手，卻是性冷感的人。」同伴們哈哈大笑，安吉麗娜還拿了一把香蕉放在了辛蒂的頭上，引得周圍的人一起起鬨。

辛蒂憤怒地把香蕉摔在了地上，掏出了安吉麗娜的車鑰匙放在了桌子上，疾步離開了酒吧，臨走時轉頭對安吉麗娜說：「我永遠也不想見到妳這個不尊重我的傢伙。」

親密的友誼關係，不應該是粗魯的、無禮的態度。在理解和讚揚聲中，友誼會不斷成長。叔本華說：人際關係的起因在於人們生活的單調空虛，人際關係的需要驅使他們聚在一起，但各自具有的許多令人厭憎的品行又驅使他們分開。終於，他們找到了彼此能容忍的適當距離，那就是「禮貌」。

有兩個人為了做好一筆生意，事先訂下了一個自認為絕妙的計策，那就是一個人先出面談價錢，訂的價格要高出好幾倍，談到進入僵局以後，另一人再出面調停，並指責第一個人的貪婪和無知，借機獲取良好的顧客印象，然後做成買賣。

事情正像他們預估的一樣發展，談判很快地進入了僵局，對方無可奈何地搖搖頭，向第一個人說：「不，先生，您的開價讓我難以置信，如果您不是開玩笑的話。」

第二個人馬上出場了，他大聲指責他的同伴蠢笨無知，還不如鄉下的一頭驢子，只知道貪婪地張著沒有牙齒的嘴。

他的大聲喊叫引來了周圍許多人的注意，這時他的同伴忘記了在演戲，憤怒地站起來給了他一拳，並說：「你難道不知道我以後還要在這裡陪小姐喝酒嗎？」聰明的對方看出了端倪，計策宣告失敗。

你覺得這兩個人愚蠢嗎？其實生活中很多人也都犯過這類錯誤。以密友相稱便完全忘記了應當恪守的禮儀，隨便在人前指責朋友，無禮地指揮朋友。朋友之間講究禮儀，並不是說僵守不必要的客套和熱情，而是說彼此應當互相尊重。

幾乎人人都知道朋友的重要，都珍惜朋友之間的感情，但凡是人們珍惜的，也一定是稀少的，因而自古以來人們便慨歎「人生得一知己足矣」。其實，我們置身社會中，未必把每一個朋友都交到「知己」的程度。

朋友可分為不同層次，有的是於事業有益的，有的是於生活有益的，有的是於感情有益的，也有的是於娛樂有益的。每一種朋友應該交到何種程度才恰到好處，才於人生有益，並沒有一把尺能量得出來的。不拘深交也罷、淺交也罷，朋友之益人人皆知，但這「益」並非信手拈來，重要的是方法，是怎樣交友、怎樣獲得朋友之益。

許多人交友處世常常產生一個結果：好朋友之間無須講究禮儀。他們認為，好朋友彼此熟悉瞭解，親密信賴，如兄如弟，財物不分，有福共用，講究禮儀便

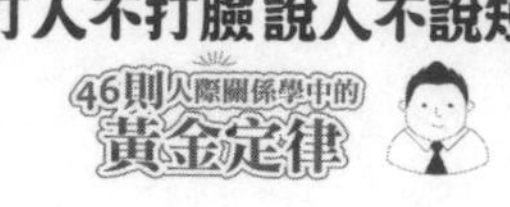

太拘束也太見外了。其實，他們沒有意識到，朋友關係的存續是以相互尊重為前提的，容不得半點強求、干涉和控制。彼此之間，情趣相投、脾氣對味則合、則交，反之，則離、則絕。

朋友之間再熟悉、再親密，也不能隨便過頭，不講禮儀，這樣一來，默契和平衡將被打破，友好關係將不復存在。

和諧深沉的交往，需要充沛的感情支撐，這種感情不是矯揉造作的，而是真誠的自然流露。中國素稱禮儀之邦，用禮儀來維護和表達感情是人之常情。

每個人都希望擁有自己的一片小天地，朋友之間過於隨便，容易侵入對方的禁區，而引起隔閡、衝突。譬如，不問對方是否空閒、願意與否，任意支配或佔用對方已有安排的寶貴時間，全然沒有意識到對方的難處與不便；一意追問對方深藏心底的不願啟齒的祕密，一味探聽對方祕而不宣的私事；忘記了「人親財不親」的古訓，忽視朋友是感情一體而不是經濟一體的事實，花錢不計你我，用物不分彼此。凡此等等，都是不尊重朋友，偶然疏忽，可以理解，可以寬容，可以忍受。長此以往，必生間隙，導致朋友的疏遠或厭惡，友誼的淡化和惡化。因此，好朋友之間也應講究禮儀，恪守交友之道。

不尊重朋友，對朋友舉止失當看起來只是一件小事，但這件小事卻會為友誼造成致命的傷害。所以無論什麼時候，無論對怎樣親密的朋友都不要忘了禮儀二字，只有客客氣氣地交朋友，友誼才能維持得長久。

41

尊重朋友的隱私

每個人心裡可能都藏著一些屬於自己的祕密，或者不願意告訴別人，或者只想跟自己最好的朋友訴說。所以，千萬不要去打探朋友的隱私，但如果對方願意告訴你，那你就一定要守口如瓶。

心中藏著屬於自己祕密的人會認為，這是他們的權利，朋友沒有必要佔有它。

勞倫斯基認為：「如果一個人沒有一點屬於自己的祕密，那他不是一個可靠的人。」

張大偉至今還在為三年前的行為懊悔。那時他有一個分不開的好友宋明清。兩人性格迥異，張大偉開朗、好動，無拘無束，宋明清細心、沉穩，正是兩人不同的個性才吸引了對方。生活中他們猶如球場上一對配合默契的雙打選手，互相彌補著對方的不足。在公司裡業績顯著，令人羨慕不已。

一個煙雨濛濛的日子，張大偉帶著女友逛商場購物，路過宋明清的住所，便順便去拜訪他。打開宋明清的房門，裡面整潔有序，而人卻不在，他和女友一起坐下來等，為了顯示和朋友的關係很好，他亂翻了一會兒。

女友一再勸阻，他毫不介意，突然他從抽屜的裡面摸出了一本精緻的筆記本，翻開一看，裡面一片空白，第二頁夾著一張剪下的報紙，是記錄一女子跳河自殺的新聞。那女子的名字被兩塊血跡掩蓋，報紙的最下面是宋明清的一行筆跡：「沒有妳，我就沒有了一切，今生我再也不會感到幸福。」張大偉大吃一驚，難道那女生是宋明清的女友？此時，宋明清抱著一堆書推門而入，當宋明清看到張大偉

手中的筆記本時，立即扔下手中的書，將筆記本奪了過來，他憤怒地大喊：「滾！離開這兒。」張大偉覺得當著女友的面，宋明清做得太過分，一氣之下離開了。

那天之後，宋明清再也沒有到公司上班，張大偉認為宋明清的氣量太窄，很長時間張大偉才登門去道歉，但遇到的只是宋明清的一房親戚，宋明清早已搬家。

張大偉非常難過，他知道，那張報紙、那兩塊血跡、那一字一字包含著一個令人心痛的故事，在好友宋明清的心中已沉澱為一個祕密，一個只有宋明清才能佔有的祕密。

不要認為你與朋友的關係非比尋常就去隨便打探朋友的隱私，那是屬於他的祕密，不要跨入他的禁區。

有時候，人們遇到一些傷心事，譬如家庭糾紛、生理缺陷、個人恩怨之類純屬個人的私事，一個人悶在心中實在難耐，也無濟於事。一般都會向自己的知己好友訴說，目的是為了贏得朋友的同情、愛憐，及時幫自己出點子、想辦法。但這些「隱私」，知道者範圍不能大，只能「你知、我知」。

好友萍萍找了個如意郎君，馬上就要步入禮堂了！好友小寧歡天喜地，比自己結婚還要高興。但她發現萍萍卻始終像有什麼心事一樣高興不起來。終於在結婚的前幾天萍萍把自己的祕密告訴了小寧：原來萍萍的子宮是呈線性纖維狀的，根本沒辦法生孩子。

小寧聽了萍萍的話，心裡很難受，後來她又把這件事告訴了另一個好朋友，誰知此事被萍萍知道了。萍萍非常氣憤，結婚那天，她沒有請小寧參加，一對好朋友從此變成了陌生人。

朋友把自己的「隱私」告訴了你，即使沒有叫你保密，也證明了他對你的極度信任。對此你只有為他分憂解愁的義務，而沒有把這種「隱私」張揚出去的權力。如果不把「保密」作為一種義務、一種責任，熱衷於流言蜚語，把朋友的「悄悄話」公諸於眾，如果是無意間的「洩漏」，還情有可原。否則，可能會引起不少人的閒言閒語，甚至被歪曲事情真相，不僅不利於解決問題，相反的，還會把事情搞糟，同時還會使你失去朋友，甚至會失去周圍人對你的信賴，最終成為孤家寡人。

朋友要你保守祕密並不是對你的不信任，而是對自己負責，所以你不應強行追問，更不能以你們關係好為由而去偷看或打聽朋友的隱私，擅自偷看或公開朋友的祕密，是交友大忌。

42 不要盲目相信朋友

托瑪斯：絕對不要假設別人和你一樣聰明，他可能比你還聰明。

一隻狼盯上了一群羊，可是牠根本不敢下手，因為兩隻牧羊犬正守在羊群附近。怎麼辦呢？狡猾的狼接近羊群，熱情地跟牠們打招呼，羊戒備地看著狼：「你來做什麼？」

「別這樣啊！」狼虛情假意地說：「我根本不會傷害你們，我的對手是牧羊犬，上次之所以咬死一頭小羊，那是因為咬錯了，我的目標是牧羊犬！如果你們能把牧羊犬趕走，我們就可以當和平共處的朋友了！」

羊傻傻地聽信了狼的話，結果牧羊犬被趕走了，羊也被咬死好多隻。

很多人相信「朋友多多益善」的謬論，因此便不加選擇地交友，結果事到臨頭，平時的「好朋友」跑得一乾二淨，有的甚至回頭「咬」你一口……，這都是因為交友不夠審慎的緣故。

一個朋友向你借一筆錢應急，你傾囊而出，因為相信友情的真摯，你沒有要對方寫借據給你。不久以後，你因為某種原因，需要一部分資金，因而前去追討對方的欠款，而你也相信對方已經有了償還能力，但令你氣憤和吃驚的是，對方矢口否認曾經向你借過錢，甚至說自己從來就沒有借過錢。

或者是這樣的一番情景：你和朋友都是跑同一產品的業務員，不同的是，你為甲公司服務，而你的朋友卻為乙公司服務。某一天，你和朋友同時獲悉某大企業急需大量你們所推銷的這種產品，於是你們同時前往該企業進行洽談，為了友情，你們相約對方的訂貨量每人分一半，也好向自己的企業有個交代，反正一半的數量也非常大。

經過談判，該企業覺得你們所推銷的產品都符合要求，而且同意了你們一人分一半訂貨量的建議，三方協商於某日簽訂正式供貨合約。屆時，你如約而至，但該企業卻說早已與人簽訂了合約，而供貨方正是你的朋友所代表的企業。

面對這種被友情背叛的情形，你該如何自處？

《三國演義》中的呂伯奢本是曹操的多年至友，而且曹操兵敗潰逃之際，呂伯奢給予了曹操熱情豐盛的款待，而曹操為了保證自己的行蹤不被人洩漏，臨行之際，他把呂伯奢一家上上下下、老老小小殺了個精光，這才放心而去。

這也許是梟雄的作為，但如果你不幸交到了這種朋友，那麼你終有一日會因為你的朋友而倒楣，你不但會成為對方的墊腳石，而且還會遭到厄運。

我們希望友情能夠永久，能夠愈經患難愈顯真誠，但是友情還是經常遭到無情的踐踏和破壞。是我們的友情不值得珍視嗎？不！是實際利益讓那些人喪失了

良知！社會中的人越來越複雜，而我們也要努力使自己能夠適應複雜。我們會無比懷念困厄之中朋友伸過來的堅實的手臂，也同樣不會忘記自己付出的真摯友情被某些人無情地遺棄甚至加以利用。我們珍視真正的友情，同時也要有效地防止某些人對友誼的不良企圖、利用或者欺騙。

那麼，我們怎樣才能做到這一點？不要忘了我們的忠告和提議：「害人之心不可有，防人之心不可無。」既然你借錢給朋友，那你為什麼不讓對方寫個借條？那並不能證明你更珍視你們的友情，而借條也絲毫不能說你漠視你們之間的友情。至於合約，朋友是朋友，而合約利益則是合約利益，日久生變，你應該立即和對方簽訂那合約，或者你也應該注意朋友近日的舉動。

想欺騙你的感情、做你的朋友的人，會對你不停地訴說自己的一切，對你表現出真誠感情，對親近，甚至會聲淚俱下，相對來說，他們更關心你的成功，而儘量不去過問你的失敗和你的困境。對於這些人，如果你已經看透他們的用意，那麼你不可能會讓他們成為自己的朋友，但也絕不能讓他們成為你的敵人。

小人得勢的破壞力量往往會超出你的想像，而他們也往往會窮兇極惡，不惜一切地瘋狂報復得罪過他們的人。有鑑於此，你要心存戒備地周旋，你要裝作很樂於接受他們，很被他們的交往之意感動的樣子，最重要的原則是，你千萬不能傷害他們的表演慾望和對你的親近之心。

記住，如果你一時無法確定對方是敵還是友，而對方又一直將自己的感情掩藏得非常隱蔽，那麼給對方一個充分的時間和空間表演自己。時間是判斷一個人對你的感情真假的最好憑證。不管對方多麼擅長於表演，多麼擅長於掩飾自己的感情，也會偶有失誤的時候。對方的失誤，是你最好的契機，抓住了，對方便會漸露端倪，並最終露出狐狸的尾巴來。

如果你無法抓住，或者你一直在尋求與對方共同表演的機會，那麼你不但無法看到對方的感情，反而會變成對方眼中的透明物。

如果你夠細心，你就能從別人對你說話的態度上判斷你的選擇目標，更能夠將人群加以區分。記住，如果你足夠老練，如果你細心體會，不管對方多高明，你都會有制敵之術，進而免受傷害。所以，我們應該提高自己的鑑別能力，不要輕易相信朋友，多一點防人之心對你有益無害。

43

對朋友保持忠誠

兩個男人結伴穿越森林，突然，一隻大熊由叢林中竄出衝向他們。其中一個男人為了自己的安全爬上了一棵樹。另一個人因無力一人和這頭熊搏鬥，便倒在地上一動不動地躺著裝死。

那頭熊只在他頭上嗅了一嗅，便像是對他的死感到很不滿似的走開了。爬到樹上的那個男人從樹上跳下來。

「那頭熊好像在你耳邊說了什麼，」他說，「牠跟你說了什麼？」

「牠說，」另一個男人回答道，「和一個在危險時刻拋棄朋友的人做伴是最愚蠢的。」

聖經上說：「忠誠的朋友是無價之寶。」忠誠的朋友可以豐富我們的生活，但要想得到朋友的忠誠，你就要敞開心扉，對朋友坦誠以待，這樣才能換來朋友真摯的尊敬。

忠誠的朋友完全承認你的自主權，從不干涉你的所作所為。他只會帶給你安全感，這種安全感來自「忠誠的友誼」。

有一位先生，他有一個朋友坐了牢。這位朋友既不是行兇搶劫犯，也不是殺人犯，更不是縱火犯，只不過是因為投資經營無意中觸犯了法律。這位先生當時不知道自己的朋友進了監獄，當他打電話到對方的辦公室得知此事以後，便在星期六清晨，開車到六十多公里外的獄所探望他。到那兒以後，由於探監的親屬太

多而未能探訪到朋友。第二個星期六清晨，他又去了一次，可是這次監獄要求他先辦通行證。

第三次雖然又遇到別的障礙，但他還是想方設法要見朋友，卻沒想到他的朋友因為感到羞愧，不願見他。可他依然滿不在乎，像在咖啡館裡一樣自然，終於跟朋友會了面。朋友獲釋後，兩人繼續保持著友好關係。當這位朋友談到自己在監獄的經歷時，他只是靜靜地聽著，不提問，不做任何評價。當然朋友與他在一起覺得安全了。

皮斯亞斯由於反抗君主被判死罪，達蒙用生命做擔保，使他能回家料理私事及與家人告別。執行死刑的日子快到了，這時皮斯亞斯還沒有回來。君主嘲笑皮斯亞斯的忠誠，說達蒙是個傻子，把友情看得過重，白白為朋友犧牲熱血，還說如果達蒙能真正瞭解人的本性，他會明白現在皮斯亞斯早已逃之夭夭了。

執行死刑的那一天，正當達蒙被押上刑場時，皮斯亞斯趕到了，他十分激動地衝上前去，上氣不接下氣地解釋自己遲到的原因。兩個朋友親切地互相問候，做了最後的告別，場面非常動人。君主被他們的真摯友誼感動，寬恕了皮斯亞斯，並帶著羨慕的口吻說：「為獲得這種友情，我甘願獻出我的王國。」

很多人都沒有那種願為他們貢獻生命的朋友，不過人們也不願讓朋友去經受這種考驗。考驗真誠友情的主要方法僅僅是「真誠」就可以了。如果你對朋友並不是真心實意，此刻不是懲罰自己的時候，而應從中汲取教訓，抓緊時機表達你的真誠友情才是最好的補救方法。如果你對他忠誠，那麼你就找到了一位忠誠的朋友。然而，不是每個朋友都能成為這種「寶石」，有的朋友不可能成為「寶石」。

所以，你的手中一定要有一塊試金石。常言道：「物以類聚，人以群分」，也就是說是什麼樣的人就和什麼樣的人在一起，因為他們的價值觀相近，所以才湊得起來。即《易經》中所說的「同聲相應，同氣相求」。所以性情耿直的就和投機取巧的人合不來，喜歡酒色財氣的人也絕對不會跟自律甚嚴的人成為好友。

所以觀察一個人的交友情況，大概就可以知道這個人的性情了。

沒有真誠便沒有真正的友誼，如果你希望朋友對你推心置腹，那麼就不要以自己的圓滑和虛偽作為條件，換取朋友的友情。拋棄傳統給你的隔閡，伸出你的雙手，你就會結交到真正的朋友。

44

別傷了朋友的自尊

在一些人的眼裡，面子比裡子更重要，沒有面子就吃不開。瞭解了這一點，你就該知道，即使是對最親密的人，也要給他「留面子」。

有人說：中國人死要面子，就是說寧願死，也要面子。孔子的高徒子路也是這樣，他為了不丟讀書人的面子，不惜結纓而去，甚至有的人，即便死了，也要爭面子。

楚成王實在是一位不怎麼樣的國君，而且他還是死在自己兒子手裡的。

西元前二六八年，他的兒子商臣，也就是後來的穆王，帶兵來逼宮。可笑的是，成王請求吃了熊掌之後再死，兒子卻不給老子這個面子，認為那樣太浪費時間，要讓他早點上西天。他沒辦法，只好去吊死。吊死後，又不肯閉上眼睛，因為不知他的子孫會給他一個什麼樣的諡號。

起初，子孫們議定的諡號是靈，亂而損曰靈。他一聽，不肯閉眼睛，子孫沒辦法，見他死不瞑目，只好改為「成」，安民立政曰成，他這才滿意地將眼睛閉上。

諡號是古代帝王、諸侯、卿、大夫死後獲得的一個帶有蓋棺定論性質的稱號，這是一個總體的評價，是死者最後的面子。

死要面子還有一種情況：為了面子讓別人死。

西元前六、五年，楚人獻給鄭靈公一個特大的鱉，靈公用牠來大宴群臣，卻唯獨不讓子公吃。這是因為有一次上朝，子公的食指突然動了起來，他便對別的大夫說，我的食指一動，就能嚐到非同一般的美味。

靈公聽了，偏要讓子公的話不能實現，這顯然是不給子公面子。子公也不是好惹的，為挽回面子，就逕自走向烹鱉的鼎前，染指於鼎，嚐之而出。

子公挽回了自己的面子，卻掃了靈公的面子。雙方只能翻臉，只不過子公搶先一步，弒殺靈公，並給他一個「靈」的謚號，讓他永遠沒有面子。

想想靈公死的真不值，就因為丟了別人的面子便遭到殺身大禍，死了依舊沒有面子。

每個人都需要面子，而且也都希望自己「有面子」，「有面子」就能被別人看得起，表明他在人群中有優越感。懂得這個道理，交友就方便許多，只要你能放下自己的面子，給朋友一個面子，相信你會在建立關係時獲益匪淺。不過這種面子必須是你給朋友的，而非自己爭來的。

爭面子與己與友都沒好處，只會傷了和氣。

要「懂面子」，首先就是要懂得如何照顧朋友的面子。倘若你自恃自己的面子大，不把別人放在眼裡，碰上死要面子的朋友，就可能不吃你那一套，甚至可能撕下臉皮和你對立，這樣常會把所結成的關係搞糟。

懂面子，你還得去「要面子」，假若你請朋友吃飯，而朋友不太領情，這時，你便不能割袍斷交，你要學會去「要面子」，你要說：「看在多年交情的份上，給我一個面子。」

只要他給了你面子，他吃了飯，那麼，他的人情算欠下了，即使飯是朋友給你面子才吃的。送禮也一樣，讓朋友給個面子收下，這個面子你得開口去要。

老李幫老朋友辦了件事，老朋友和妻子拿了些禮品登門道謝，老李覺得自己只是舉手之勞，就堅持不收禮，沒想到老朋友離開後就再沒跟他聯繫過。

老李打電話一問，朋友在電話裡說：「送禮物去卻被你推辭，知道那天我怎麼從你家走出來的嗎？」老李這才知道怎麼回事，道歉之後兩人又和好如初了。

另外的一點，給面子要給得恰當，不恰當就是不給面子。如果被請之人面子很大，而又未受到應有的對待，則成了極傷面子的事情。

維護朋友面子是你和朋友都應該做到的，這種方式如同給你們的親密關係罩上一層保護網，這樣一來，友情才能不斷。

45

好朋友也別黏在一起

和朋友建立一份真誠的友誼，的確是一件美好的事情，但千萬不要和朋友整天膩在一起。有距離才能產生美。

《聖經》上說，上帝按自己的模樣創造了人的形體。興致所至，用樹枝沾滿泥漿，甩成了成千上萬個人形。上帝又寂寞了，於是賦予人類語言、不同的性情和喜怒哀樂。從此，人類誕生繁衍，也不再有完全同樣的兩個人。

世上的確沒有完全同樣的兩個人。兩個人，不論其形體多麼相像，他們決沒有完全同樣的性情、愛好，絕對沒有同樣的經歷和對事物同樣的認知觀點。於是，「距離」就存在了，距離成為人際關係的自然屬性。有著親密關係的兩個朋友也毫不例外，成為好朋友，只說明你們在某些方面（或許多方面）具有共同的目標、愛好或見解以及心靈的溝通，但並不能說明你們之間是毫無間隙、融為一體的。

任何人都存在著其獨自的個性，人的共通性存在於個性之中。共通性是友誼的連接帶和潤滑劑，而個性和距離則是友誼相吸引並永久保持其生命力的根本所在。友情就像彈簧一樣，保持適度的距離以及適度拉伸和壓縮，都會使之保持永久的彈性美。

是的，因為距離的美，你和他都想進入對方那顆美好的心靈，都努力展現各自的魅力和對對方的關懷。隨距離的縮短，「金無足赤」的人類的瑕斑也在友誼的光環中出現，過深的瞭解使你發現了對方人性自私甚至卑劣的一面。於是，瑕斑的影子在你心靈裡產生衝突。

某些不和諧伴隨出現，由於彈簧距離的拉近，你和他都在內心要求對方須與自己一起擺動。少許的違背都使你特別在意。於是，被欺騙感和不忠實感使你對友誼產生了懷疑，冷漠和爭執又將友誼根基動搖，彈簧變形了，再難恢復其原來的和諧。這時你便會懊惱：為什麼當初要縮短這「彈簧」，破壞了相互間的距離美和朦朧美。

人一輩子都不斷在交新的朋友，但新的朋友未必比老的朋友好，失去友情更是人生的一種損失，因此好朋友一定要「保持距離」！

趙晶城和石葦明是一對令人羨慕的好朋友，兩人在一起嘰嘰喳喳，好像總有說不完的話。一起上、放學，一起逛街，但兩人還是覺得相處的時間太少。於是在得到家長同意後，兩人在校外租了一間房子成為室友，這樣來往就更方便了。

然而一段時間後，兩人的友誼產生了裂痕，趙晶城覺得石葦明性子太急、脾氣太躁，而石葦明則認為趙晶城太懶，從來不會收拾房間，做什麼事都拖拖拉拉，什麼也做不好。終於兩人為了一件小事大吵了一架，從此誰也不理誰了！

石葦明很後悔，他對自己的朋友說，如果當初不和趙晶城住在一起就好了，那樣的話他們一定還會是好朋友！

人之所以會有「一見如故」、「相見恨晚」的感覺，之所以會有「死黨」的產生，是因為彼此的氣質互相吸引，一下子就越過鴻溝而成為好朋友，這個現象無論是異性或同性都一樣。但再怎麼相互吸引，雙方還是有些差異的，因為彼此來自不同的環境，受不同的教育，因此人生觀、價值觀再怎麼接近，也不可能完全相同。

當二人的「蜜月期」一過，便無可避免的要碰觸彼此的差異，於是從「尊重對方」，開始變成「容忍對方」，到最後成為「要求對方」！當要求無法如願，便開始背後的挑剔、批評，然後結束友誼。

人就是這樣奇怪：未得到時，總想得到；未靠近時總想膩在一起，真正得到和靠近卻又太過苛求，人總在無意中傷害著他們自己。很奇妙的是，好朋友的感情和夫妻的感情很類似，一件小事也有可能造成感情的破裂。

有一個人，他和租同一棟房子的房客成為朋友，後來因為對方一直不肯倒垃圾，他認為他受到不公平的對待，於是憤而搬出去，二人至今未曾再往來過。

如果有了「好朋友」，與其太接近而彼此傷害，不如「保持距離」，以免碰撞！

人說夫妻要「相敬如賓」，如此自然可以琴瑟和諧，但因為夫妻太過接近，要彼此相敬如賓實在很不容易。其實朋友之間也要「相敬如賓」，而要「相敬如賓」，「保持距離」便是最好的方法。

何謂「保持距離」？簡單地說，就是不要太過親密、不要一天到晚在一起，也就是說，心靈是貼近的，但肉體是保持距離的。能「保持距離」就會產生「禮」，尊重對方，這「禮」，便是防止對方碰撞而產生傷害的「海綿」。

每個人都有缺點和不足之處，和朋友離得太近了，就像用放大鏡看朋友一樣，這些缺點都暴露了出來，所以為了維護友誼，朋友之間還是保持「霧裡看花」的距離吧！

46 同學要常聯繫

同學是朋友關係中非常重要的一種，當年身為同學之時，大家都比較單純，友情非常純潔，而分開之後，只要還保持著聯繫，就會十分懷念那份純潔的友誼。如果有什麼事請同學幫忙的話，同學一般都會積極地去辦。

有人說：「同學之情只有幾年，一旦緣盡則情盡，沒什麼可值得留戀的。」這其實是錯誤的想法，要知道，大千世界、茫茫人海，既能為同學，可見緣份不淺。雖然相處時間不長，但這中間的關係值得珍惜，值得持續下去，這不是多此一舉，而是實屬必要！

當你與同學分開後，還能保持一種相互聯繫、愈久彌堅的關係的話，那對你的一生，或者說對你將來所要達到的目的與理想是會有很大幫助的，這其中的因果關係，也許是你所從未想到的。

三國時蜀的創建者劉備有這樣一個小故事：

那是劉備還在讀私塾時，由於劉備講義氣、聰明，因此成了同學中的領袖，在這幾年中，他經常幫助其他同學，與他們的關係處得非常好。後來長大了，大家都有自己的目標，劉備與這些要好的同學也就各奔東西了。

但是，雖然大家分開了，劉備卻很注重經常與同學保持聯繫。其中有一位叫石全的人，是劉備讀書時最合得來的朋友，他讀書後，仍回家繼續供奉自己的老母親，以盡孝道，他靠打柴、賣字畫為生。

劉備不嫌其清貧，經常邀請石全到他家做客，共同探討當時的天下形勢，劉備與石全的關係也在不斷地加強，情若手足。

後來，劉備為了實現自己心中宏偉的目標，就帶領了一支隊伍參加了東漢末年的大混戰。初時，劉備軍事實力很小，不得不依附其他人，在一次交戰中，劉備所帶的軍隊被全部殲滅，只有他一人逃脫了，後來被石全藏了起來，才因此逃過了一劫。

同學關係有時在很危急的關頭能幫上大忙，能發揮排憂解難的作用。但是，一定要記住的一點是，這中間的好處是來自於自己的努力，如果在你與同學分開之後並沒有經常性的相聚，那關係之好從何談起，從中受益則更是紙上空談了。

有的人可能覺得跟不太熟悉的同學聯繫有點難為情，其實即便你在學生時期不太引人注目，交往的範圍也很有限度，你也大可不必受限於昔日的經驗，而使想法變得消極。

因為每個人踏入社會後，所接受的磨練是百般不同的，絕大多數的人會變得相當注意人際關係的重要性。因此，即使與完全陌生的人來往，通常也能相處得好。

由於這種緣故，再加上曾經擁有的同學關係，你可以完全重新展開人際關係的塑造。換言之，不要拘泥於學生時期的自己，而要以目前的身分來展開人際交往。

誰沒有幾位昔日的同窗，同學常相聚，友情才會牢固。說不定你的音容笑貌還存留在他們的記憶中，千萬不要浪費這種寶貴的人際關係資源。從現在開始，你就要努力地去開發、建設和使用這種關係。

要保持良好的同窗友誼，你必須跟你現有的同學們保持經常聯繫。有空打打電話給遠在異地的同學們、通通訊息，詢問一下對方近來的工作、學習情況，介紹一下自己的情況，互相交流一下，這是很有必要的，這點時間絕對不能省。

碰到同學們的人生大事，如果有空最好儘量參加，如果實在脫不開身，最好也得寫信或託人帶點什麼，不然，怎麼算得上同窗情誼。

對方有困難的時候，更應加強聯繫，當聽到同學家人生病或遇上不幸的事，應馬上想辦法去探望。平日儘管因工作忙沒有很多時間來往，但同學有困難時能鼎力相助或打聲招呼，才顯出你們間的深厚情誼。「患難朋友才是真朋友」，關鍵時刻拉人一把，朋友會銘記在心。

常常保持聯繫對你自己會有許多好處。和同學經常聯繫、談心，一旦你碰上什麼事情，如找工作、找對象等，多聽聽同學的意見，或者找他們幫忙，對你是直接或間接的幫助，如果平時沒有聯繫，有困難時才找上門去，別人是不會幫助你的。

朋友間交際的一個重要原則，是透過多次見面和接觸來加深相互關係。原則上要求和對方直接接觸，只要有見面的機會，就應該積極和對方接觸。到某地旅遊，可以去找找當地認識的同學，遇到去同學公司附近的地方出差的機會時，最好去拜訪對方，加深雙方之間的關係，哪怕只有短短的五分鐘。

除了運用這種直接接近對方的方法外，有時利用書信結交等方法也能發揮出乎意料的效果。

不管是不是星期日還是節日，不一定要利用對方在家的時候去拜訪他人，不

失為一種間接接近對方的好方法。

「我在附近有點事，順便過來拜訪一下。」說完，把在附近商店買的禮物拿出來送給對方家人。

最好動作迅速點，節省時間，然後請對方的家人代為轉告：「上次託我辦的事，我一定會竭盡全力按期完成。」拜訪結束後，應儘早把事情進展情況向對方彙報一下。

拜訪時，無論對方家人多麼客氣邀你進來喝杯茶，你都不應坐下來當真喝起來，因為你的拜訪只是一種表示敬意的形式。再者如果時間太長，會被家人看出是有意而來，所以必須在短時間內結束拜訪。

用間接方法贈送禮品給對方的時候，不要直接寄到對方的公司，最好寄到家裡。也一定要弄清對方的住址。這樣可以給對方留下好印象，也可以間接贏得對方的信賴。

生活中，很多人都對同學關係處理不當，在相聚時漠然處之，分開後互不來往，直到遇到困難才想起同學，那就為時已晚了！「晴天留人情，雨天才好借傘」，同學關係是「聚」出來的，一年一小會，十年一大會，這樣一來，同學關係就會愈聚愈堅，你的人際面也就會越廣泛。

謝謝您購買 打人不打臉，說人不說短：46則人際關係學中的黃金定律 這本書！

即日起，詳細填寫本卡各欄，對折免貼郵票寄回，我們每月將抽出一百名回函讀者寄出精美禮物，並享有生日當月購書優惠！

想知道更多更即時的消息，歡迎加入"永續圖書粉絲團"

您也可以利用以下傳真或是掃描圖檔寄回本公司信箱，謝謝。

傳真電話：（02）8647-3660　　信箱：yungjiuh@ms45.hinet.net

☺ 姓名：　　□男　□女　　□單身　□已婚

☺ 生日：　　□非會員　　□已是會員

☺ E-Mail：　　電話：（　）

☺ 地址：

☺ 學歷：□高中及以下　□專科或大學　□研究所以上　□其他

☺ 職業：□學生　□資訊　□製造　□行銷　□服務　□金融
　□傳播　□公教　□軍警　□自由　□家管　□其他

☺ 您購買此書的原因：□書名　□作者　□內容　□封面　□其他

☺ 您購買此書地點：　　金額：

☺ 建議改進：□內容　□封面　□版面設計　□其他

您的建議：

打人不打臉，說人不說短：46則人際關係學中的黃金定律